Schwuppdiwupp

DAS BESTE AUS DER ENTDECKUNGSKISTE

Dieses Buch ist all jenen Kindern gewidmet, die uns bei der Verwirklichung unserer Ideen und beim Erproben der einzelnen Vorschläge und Anregungen als »Sparringspartner« zur Seite standen.

Insbesondere gilt unser Dank dem experimentierfreudigen Tobias, dem geduldigen Jerome, dem wagemutigen Benjamin, dem ruhigen Aaron, der Bastelexpertin Sarah, der musikliebenden Rebecca und der spielbegeisterten Giorgia.

ISBN 3-9802874-2-4

Titelillustration: Willy Walinsky, Saarbrücken
Satz: Kindergarten-Fachverlag, St. Ingbert
Zeichnungen: Willy Walinsky, Saarbrücken
Lithos und Filme: Communication Network, Saarbrücken
Gesamtkonzeption: Bassermann'sche Verlagsbuchhandlung, D-65527 Niedernhausen

Schwuppdiwupp

DAS BESTE AUS DER ENTDECKUNGSKISTE

SPIEL UND SPASS FÜR DRINNEN UND DRAUSSEN

Inhaltsverzeichnis

Vorwort

Schon die kleinsten Kinder hocken bei uns oft stundenlang vor dem Fernsehapparat, meldet die Statistik. Daß dies für die Entwicklung von Fantasie und Sprache, von Kreativität und sozialen Fähigkeiten nicht gerade förderlich ist, hat sich inzwischen bei den meisten Erwachsenen herumgesprochen – doch Alternativen für eine sinnvolle Kinderbeschäftigung sind rar. Oft ist es Zeitmangel der Eltern, häufig aber fehlen auch die richtigen Ideen, was man denn nun mit den Kleinen unternehmen könnte.

In solchen Fällen steht dieses Buch als zuverlässiger Ratgeber und fast unerschöpfliche Ideenfundgrube bereit. Es ist prallvoll mit Gedichten, Liedern, Geschichten, Bastelarbeiten, Rezepten und Spielen, die alle von erfahrenen Erzieherinnen und Erziehern in der Kindergarten- und Hortpraxis erprobt sind.

Die einzelnen Kapitel führen durch die Jahreszeiten, durch Regen, Schnee und Sonnenschein, beschäftigen sich mit dem Kind und seiner persönlichen Umwelt ebenso wie mit Themen, die das Weltbild des Kindes erweitern. Spaß und Lachen kommen natürlich auch nicht zu kurz.

Alle, die an der Entstehung dieses liebevoll illustrierten Buches beteiligt waren, wünschen Kindern und Erwachsenen viel Freude damit und an der gemeinsamen sinnvollen Beschäftigung.

Frühling

Endlich ist es wieder soweit: Das Schmuddelwetter verzieht sich allmählich, die Zugvögel kommen zurück, die Bäume bekommen ein hellgrünes Blätterkleid, und die Frühjahrsblumen entfalten ihre bunte Blütenpracht. Das beste aber ist, daß es wieder wärmer geworden ist, daß man jetzt wieder stundenlang im Freien spielen kann, unbehindert von dicken Wintermänteln, Handschuhen und anderen unbeliebten, aber notwendigen, weil wärmenden Kleidungsstücken. Das folgende Kapitel bietet eine bunte Reihe von Geschichten, Reimen, Liedern, Spielen, Experimenten, Rezepten und anderen Ideen, die alle etwas mit dem Frühling zu tun haben.

Guten Morgen, Mister Winter

Refrain

Guten Morgen, Mister Winter,
schlafen Sie sich erst mal aus,
denn jetzt komme ich – der Frühling –,
bringe frischen Wind ins Haus.

1.

Der März zeigt im Kalender,
daß die Frühlingszeit beginnt –
so recke ich und strecke mich –
eil' durch das Land geschwind,
so recke ich und strecke mich –
eil' durch das Land geschwind.
Refrain: Guten Morgen, Mister ...

2.

Vom Winterschlaf erwecke
ich die Tiere weit und breit;
das dicke Fell wird abgelegt
zu meiner Jahreszeit,
das dicke Fell wird abgelegt
zu meiner Jahreszeit.
Refrain: Guten Morgen, Mister ...

3.

Die Bäume und die Blumen
bilden neue Knospen aus,
und bald schon gleicht die Wiese
einem bunten Frühlingsstrauß,
und bald schon gleicht die Wiese
einem bunten Frühlingsstrauß.
Refrain: Guten Morgen, Mister ...

4.

Die frühjahrsmüde Menschenwelt
bring' ich nur schwer auf Trab;
vom grauen, kalten Winter
sind sie träge, matt und schlapp,
vom grauen, kalten Winter
sind sie träge, matt und schlapp.
Refrain: Guten Morgen, Mister ....

Judith Rosch

Abzählreime

Ene bene bummel,
dort oben fliegt 'ne Hummel,
dort unten läuft 'ne Maus,
und du bist aus!

Auf einer Matratze
hüpft eine Katze,
hüpft auf einem Bein,
und du mußt's sein!

Hans-Joachim Ludwig

Steht ein Gast vor unserm Haus

Steht ein Gast vor unserm Haus.
Seht mal aus dem Fenster raus!
Sollte das der Frühling sein?
Ja, gewiß! Herein, herein!

Lang schon warten wir auf dich.
Bist du's wirklich? Sag mal, sprich!
Und da nickt der junge Mann,
lacht, wie man nur lachen kann.

Leicht, beschwingt, so ist sein Schritt.
Erste Blüten bringt er mit.
Frühling ist nun wieder da,
und wir rufen laut »Hurra!«

Hans-Joachim Ludwig

»Kuckuck!« ruft's aus dem Wald

Er ist ein rechter Herumtreiber, dieser Kuckuck. Der Wald, das ist sein Lieblingsort. Er ist ein Einzelgänger und fliegt bald dorthin, bald dahin. Wenn er seinen unverwechselbaren Ruf erschallen läßt, freuen sich alle Kinder.
Die Erwachsenen ziehen dann manchmal ihre Geldbörse aus der Tasche und schütteln sie, so daß die Münzen darin nur so klingeln. Ein alter Aberglaube besagt nämlich, daß sich das Geld im Täschchen verdoppelt, wenn man es beim Ruf des Kuckucks tüchtig schüttelt. Aber das ist eben ein Aberglaube. Und noch niemand hat es dadurch zu Reichtum gebracht – denn dafür muß man selbst etwas tun!
Mit anderen Vögeln hat der Kuckuck nicht viel im Sinn. Nur die Kuckucksdamen sehen sich im Frühjahr nach anderen Vögeln um. Wenn ein fremdes Vogelweibchen nämlich vormittags ein Ei gelegt hat und nachmittags wegfliegt, um Futter zu suchen, fliegt die Kuckucksfrau zum verlassenen Nest. Sie wirft das morgens gelegte Ei aus dem Nest und legt heimlich, still und leise ein eigenes Ei hinein. Und für jedes ihrer Eier (insgesamt legt sie etwa 12 Stück) sucht sie sich ein anderes Nest.
Die fremden Eltern brüten die Kuckuckseier mit ihren eigenen aus. Die jungen Kuckucksvögel sind meist größer und stärker als ihre Nestgenossen. Und was meint ihr, was die kleinen Kuckucke mit den anderen Vogelkindern tun? Die jungen Kuckucksvögel werfen die anderen Vogelkinder einfach aus dem Nest, machen sich dort dann recht breit und lassen sich reichlich von der fremden Vogelmutter füttern. Und so ein junger Kuckuck ist ein Vielfraß! Er kann den Hals nicht voll genug kriegen.
Eines Tages wird er flügge, das heißt, er kann fliegen, und bald hören wir ihn aus dem Wald rufen: »Kuckuck, Kuckuck!«
Schüttelt ihr beim nächsten Mal auch euer Geldtäschchen? Auch dann, wenn ihr dadurch nicht reich werdet?

Hans-Joachim Ludwig

Übrigens

»Kuckuck« rufen nur die Männchen; die Weibchen haben eine ganz andere Stimme, eine Art Kichern, und man hört sie nur selten.
Im Winter sind die Kuckucke nicht bei uns, da leben sie in wärmeren Gegenden: Im Herbst fliegen sie nach Afrika, bis ganz in den Süden, und nach Südasien. Wenn wir dann ihren Ruf im nächsten Jahr wieder hören, wissen wir, daß es Frühling geworden ist!

Handabdruck »Vogel«

Die hier beschriebene Drucktechnik eignet sich bereits für Kinder ab 2 Jahren, aber auch die älteren haben ihren Spaß daran.

Man benötigt dazu

– weißes Tonpapier
– schwarze, gelbe und rote Fingerfarbe
– Pinsel

Und so wird's gemacht

Zunächst zeigt man dem Kind einmal, wie das Drucken des Vogels vor sich geht, das heißt, die Kinder schauen zu, während man selbst den Druckvorgang durchführt. Dabei sollte man jeden Schritt möglichst ausführlich erklären – also während man mit seiner eigenen Hand druckt, praktisch eine kleine Entstehungsgeschichte erzählen.
Danach erst nimmt man die Hand des Kindes und streicht sie mit schwarzer Farbe an. Auch dabei redet man ständig mit dem Kind. Man kann zum Beispiel sagen: »Dein kleines Händchen male ich jetzt mit schwarzer Farbe an. Das kitzelt ein bißchen, und die Farbe fühlt sich kühl an.« Dann drückt das Kind seine Handfläche – nach Möglichkeit allein und mit gespreizten Fingern – auf das weiße Tonpapier. Ist es noch etwas ängstlich, kann man Hilfe anbieten. Wenn der Handabdruck gelungen ist, versucht man gemeinsam mit dem Kind die einzelnen Körperteile des Vogels zu definieren: »Was ist das hier wohl, der Schwanz, die Flügel, ...?«

Nachdem man sich geeinigt hat, weist man darauf hin, daß jetzt noch etwas fehlt! Kommt das Kind nicht von selbst auf Kopf, Schnabel, Beine, Füße, hilft man ihm, indem man weitere Fragen stellt. Sobald das Kind einen fehlenden Körperteil genannt hat, gibt man ihm Pinsel und Farbe und bittet es, diesen Körperteil zu malen.
Auch hier sollte man nur dann Hilfestellung geben, wenn das Kind dies wünscht. Man setzt das Spiel mit Frage, Antwort und Malen fort, bis der Vogel komplett ist.

Gerda Reinscheid/Mara Jung

Übrigens

Mit dieser einfachen Drucktechnik werden gleichzeitig drei der fünf Sinne angesprochen: das Sehen (das Entstehen des Bildes), das Fühlen (der Farbe), das Riechen (ebenfalls der Farbe). Gleichzeitig wird auch noch die Sprachentwicklung gefördert.

Als die Schwalben heimkehrten

Diese Geschichte eignet sich hervorragend zum Vertonen. Die Zahlen im Text beziehen sich auf den der Geschichte folgenden Abschnitt »Vertonung«, in dem konkrete Gestaltungsvorschläge gemacht werden. Diese Angaben sind jedoch keineswegs verbindlich – sie sollen lediglich einen Anreiz zur eigenen fantasievollen Gestaltung geben.

Man benötigt dazu

- Haushaltsgegenstände (Töpfe, Tassen, Kochlöffel ...)
- kleine Schlaginstrumente (Handtrommel, Triangel)

Und so geht die Geschichte

Benedikt und Laura waren die ersten, die einen Schwarm Schwalben sahen. **(1)** Aufgeregt riefen sie: »Die Schwalben kommen, die Schwalben kommen!« Da blickten auch die Bauern im Dorf zum Himmel empor. Mancher stieg ab von seinem Fahrrad und sah nach oben. »Die Schwalben, die Schwalben!« riefen Laura und Benedikt immer wieder und klatschten vor Freude in die Hände. Nun wurde Bürgermeister Huber im Rathaus aufmerksam. Er öffnete das Fenster und rief hinaus: »Was ist denn los?« Schließlich sah auch er: Die Schwalben waren aus Afrika zurückgekehrt. **(1a)**

Bauer Lemke machte das Scheunentor auf, **(2)** denn nun sollten die Schwalben wie in jedem Jahr in seiner Scheune ein Nest bauen. **(1a)**
»Nur herein, nur herein!« rief er. Denn er wußte: Schwalben bringen Glück. Und Bürgermeister Huber im Rathaus griff zum Telefon. Er wählte die Nummer des Nachbardorfes und sprach mit dem dortigen Bürgermeister. »Herr Meier«, sagte er, »die Schwalben sind zurückgekehrt! Jetzt wird es Zeit für unser gemeinsames Frühlingsfest!«
Am Sonntag ging es dann richtig los. Die Kirchenglocken läuteten. **(3)** Und als die Uhr zehn schlug, **(4)** kam der Spielmannszug der Feuerwehr mit Pauken, Trommeln und Pfeifen.
(5) Dann folgte die Gruppe der Kinder. Sie sangen: »Alle Vögel sind schon da ....!«
Natürlich waren Benedikt und Laura dabei.
(6) Auf dem Festplatz klatschten alle Leute, als der Festzug dort eintraf. **(7)** Der Männerchor »Frohsinn 1892« hatte sich etwas Besonderes ausgedacht. Die Sänger sangen nicht, sondern sie pfiffen diesmal die Melodie des Liedes »Der Mai ist gekommen«. **(8)** Natürlich bekamen die Festteilnehmer bald Durst. Jedes Kind erhielt ein Glas Limonade und ein Stück Kuchen. Manche stießen mit den Gläsern an, wie sie es bei den Erwachsenen gesehen hatten.

(9) Aber dann machte ihnen das Wetter einen Strich durch die Rechnung. Graue Wolken verdunkelten auf einmal den Festplatz. (10) Es fing an zu blitzen und zu regnen. (11) Nun rannten alle zum Gasthaus. Dabei wurde mancher Stuhl umgerissen. An der Tür stand der Gastwirt und rief: »Jetzt werft mir nur nicht im Haus auch noch die Stühle um!« Alle lachten.
Im Gasthaus wurden dann die Tische zusammengerückt. Während es draußen donnerte und blitzte, sangen alle: »Freut euch des Lebens«.
(12) Und am schönsten sangen Laura und Benedikt.

Hans-Joachim Ludwig

Vertonung

(1) Schwalben kommen
– sanft in Flötenköpfe (ohne Griffteil) blasen und mit flacher Hand den "Ausgang" öffnen und schließen
– somit eine Art Heulton selbst produzieren (Tonhöhe und Länge selbst bestimmen)
– am besten mehrere Flöten, da viele Schwalben
(1a) Schwalben
– wie (1), aber schon kräftiger blasen
(2) Scheunentor
– knarrende Tür, alte Tabakschachtel oder Kiste/Truhe öffnen

(1a) Schwalben
– wie (1)
(3) Kirchenglocken
– in Töpfe, an Gläser, Flaschen, Tassen mit Holzlöffel schlagen
– gemischt durcheinander
(4) 10 Kirchturmuhr-Schläge
– 10 Schläge auf Topfdeckel oder Becken in gleichmäßigen Zeitabständen, die die Schläge der Uhr darstellen
(5) Spielmannszug
– Pfeifen, Trommeln
– alle Instrumente und Gegenstände, die zur Verfügung stehen, einsetzen, um den Spielmannszug anzukündigen
(6) »Alle Vögel sind schon da«
– alle Mitwirkenden singen laut das bekannte Kinderlied
(7) klatschen
– alle klatschen, außerdem kann man flache Holzteile, zum Beispiel Frühstücksbrettchen, aneinanderschlagen
(8) Melodie pfeifen
– alle Mitwirkenden pfeifen die Melodie des Liedes »Der Mai ist gekommen«
(9) Anprosten – Tellergeklapper
– mit gefüllten Gläsern gemeinsam anstoßen (alternativ ginge auch ein Schlagen an einen Triangel)
– mit Löffeln in Tellern und Tassen rühren
– mit Tellern und Tassen klappern
(10) graue Wolken kommen auf
– leises, zartes Spielen auf Handtrommeln oder Pauken
– entsprechend der Verdichtung am Himmel stärkeres Spielen auf den Instrumenten, eventuell auch mit den Füßen auf den Boden stampfen
(11) Regen
– (10) wieder leiser, wie zu Beginn
– dazu auf Handtrommel, Pauken, Tischen oder anderen Holzoberflächen mit den Fingerspitzen trippeln oder mit einem Schlegel leicht und locker in schnellen, kurzen Schlägen spielen
(12) Regenlied
– alle Mitwirkenden singen gemeinsam das Lied »Es regnet, es regnet« oder auch das Lied »Der musikalische Regen« von Seite 170/171 in diesem Buch

Judith Rosch

Das Zwiebelchen

Diese Geschichte kann man als Gutenachtgeschichte vorlesen, aber auch zu einer Meditation mit einem oder mehreren Kindern benutzen.
Im Anschluß an die Geschichte wird erklärt, wie man die Meditation durchführt, und zwar in zwei Variationen: die erste für kleine Kinder, die zweite für Fünf- bis Sechsjährige.

Und so geht die Geschichte

Es war einmal ein Zwiebelchen. Das war so klein, daß es noch nie geblüht hatte. Den ganzen Sommer über hatte es mit seiner Mutter in der Erde gelebt. Seine Mutter war eine schöne, stolze, rote Tulpe mit einer großen Blüte und einem langen Stengel.
In der Erde hatte das Zwiebelchen viel Freude. Es lachte und scherzte oft mit seinen Geschwistern. Aber am liebsten sprach es mit dem langen Regenwurm. Und dies tat es fast jeden Tag. Denn der Regenwurm erzählte von den warmen Sonnenstrahlen, von den duftenden Blüten und von den vielen Farben über der Erde. Das Zwiebelchen war glücklich.
Dann kam der Herbst. Zwiebelchens Mutter war lange schon verblüht. Über der Erde wurde es immer kälter. Der Regenwurm erzählte, daß die Sonne nur noch selten scheine und ein kühler Wind über das Land wehe.
Zu dieser Zeit geschah es. Das Zwiebelchen wurde mit seiner Mutter von einer Menschenhand aus der Erde gegraben. Die Menschenhand trennte das kleine Zwiebelchen von seiner Mutter und pflanzte es in ein etwas von der Mutter entferntes Blumenbeet wieder in die Erde. Weil sich das Zwiebelchen so einsam fühlte, begann es zu weinen.
Das hörte Zwiebelchens Mutter im anderen Blumenbeet, und sie sprach mit ruhiger Stimme zu ihm: »Weine nicht, mein Kind! Du wirst sehen, bald, wenn der Winter vorüber ist, kannst du wieder mit deinem Freund, dem Regenwurm, spielen. Aber jetzt mußt du erst einmal schlafen! Gute Nacht, mein Kind!« »Gute Nacht, Mama.«
Und das Zwiebelchen schlief ein. (1) Es träumte vom Sommer und davon, wie es wieder mit seinem Freund, dem Regenwurm, spielt. Es träumte vom Wachsen und vom Blühen. Ach, das mußte herrlich sein! Eine große Blüte würde es haben. Und endlich würde es die Welt sehen. Mit ihren Farben.

Die großen Bäume, den blauen Himmel, die helle Sonne. Oh, das müßte schön sein!
Und das Zwiebelchen träumte und schlief, schlief und träumte. Es schlief träumend den ganzen, langen Winter.
Als es Frühling wurde, da erwachte das Zwiebelchen. Es fühlte sich groß und stark. (2) Es dehnte und reckte sich. Es reckte sich immer mehr und mehr. Es machte einen langen Hals. Und – auf einmal spürte es die Wärme. »Das muß die Wärme der Sonne sein«, dachte das Zwiebelchen, und es versuchte, zu sehen. Aus einer kleinen Knospe am Ende des Stengels wurde eine große, rote Blüte. (3)
Es sah viele Farben ringsumher. Den blauen Himmel, die vielen Tulpen. Es sah auch seine Mutter, die im Nachbarbeet wunderschön blühte, genauso wie das Zwiebelchen selbst. Es sah auch die großen, mächtigen Bäume, von denen der Regenwurm immer erzählt hatte.
Ja, aus dem kleinen Zwiebelchen war eine wunderschöne Tulpe geworden. Wer weiß, vielleicht blüht sie sogar in deiner Nähe!

Die Meditation

Da nur ein Teil der Geschichte in die Meditation einfließt, sollte sie den Kindern bereits bekannt sein.

Vorbereitung

Man benötigt eine Zwiebel und eine Tulpe als Topfpflanze, für die zweite Variation noch zusätzlich einen Triangel.
Der Raum sollte großzügig bemessen sein, so daß sich jedes Kind einen Platz frei auswählen kann und dann noch ausreichend Freiraum um sich herum hat.

1. Variation

Zunächst einmal wird den Kindern die Zwiebel gezeigt, jedes Kind sollte sie einmal in die Hand nehmen und ihrer Form nachspüren: rund und kompakt, mit einem Ansatz zum Stengel und einer breiteren Unterseite, an der die Wurzeln herauswachsen.
Nun sollen die Kinder sich einen Platz suchen und sich dort wie eine Zwiebel hinhocken. Sie sind Zwiebeln, die im Winter schlafen. So kehrt die notwendige Ruhe ein, die Geschichte kann jetzt erzählt werden: Von (2) an, jedoch ohne den Schlußsatz.
Die Kinder, die sich zuvor schon mit der Zwiebel identifiziert haben, sollen nun das Wachsen darstellen. Da sie noch sehr jung sind, ist es ratsam, daß auch die Erzählerin/der Erzähler an dem Wachstumsprozeß teilnimmt und den Kindern somit eine Orientierung bietet: zunächst strecken sich die Arme, dann richtet sich der Körper allmählich auf, wobei die Arme wieder

dicht an den Körper herangenommen werden und mit ineinanderverschlungenen Händen allmählich über den Kopf wachsen. Sie bilden später die Knospe, das Ausbreiten der Arme symbolisiert das Aufblühen.
Zum Schluß können sich die Kinder gemeinsam eine aufgeblühte Tulpe anschauen, sie sollte allerdings als Topfpflanze gezeigt werden und nicht als Schnittblume, da sich die Kinder mit der gezeigten Pflanze identifiziert haben und die Zwiebel in der Erde als das Teil dargestellt wurde, das am wichtigsten ist: aus ihr erst wachsen die Blätter und schließlich die Blüte.

2. Variation

Etwas ältere Kinder sind in der Lage, an einer längeren Meditation konzentriert teilzunehmen. Zudem wissen sie mehr darüber, wie Pflanzen wachsen. Sie sind in der Lage, zunächst nur im Kopf die Bilder zu assoziieren, die sie später mit ihrem Körper darstellen sollen. Zugleich schaffen sie sich selbst damit ein klares Bild darüber, was sie nun eigentlich während der Meditation tun wollen oder auch sollen.
Auch ihnen wird zunächst noch einmal eine Zwiebel gezeigt. Sie suchen sich ebenfalls einen Platz im Raum und werden Zwiebeln, die im Winter schlafen. Von (1) an wird nun die Geschichte erzählt. Lediglich der letzte Satz entfällt. Im ersten Abschnitt sollten dabei ausreichend Pausen gemacht werden, um den Kindern die Gelegenheit zu geben, ihre eigenen Vorstellungen zu entwickeln.
Bei (3) müßten die Kinder jetzt ihre eigenen Variationen des Wachsens zeigen können; sollte aber keine Reaktion erfolgen, so kann ein »Vormacher« Hilfestellung bieten. Unterstützend kann hier ein Triangel zum Einsatz kommen. Mit zarten Schlägen deutet er erstes Wachsen an, die Schläge sollten kräftiger werden und beim Aufblühen ihren Höhepunkt in einem Wirbel erreichen.
Zum Schluß können sich die Kinder gegenseitig und auch die Tulpe betrachten. Als Vertiefung kann noch einmal das Triangelspiel – jedoch ohne begleitende Worte – erklingen.

Alice Keller

Das Vogelspiel

Dieses kooperative Tischspiel für 4 Mitspieler ist für Kinder ab 4 Jahren geeignet. Durch seine Vogelfiguren hat es einen inhaltlichen Bezug zur Jahreszeit.

Spielherstellung

Man benötigt dazu

- 4 Streichhölzer
- Klebstoff
- 4 Wattekugeln, ø ca. 3 cm
- 4 Wattekugeln, ø ca. 2 cm
- verschiedene Wasser- und Flüssigfarben (mindestens vier)
- Malutensilien wie Pinsel und Wasserbecher
- bunte Federn
- Papp- oder Fotokartonreste
- dickere weiße Bastelpappe, ca. 40 x 40 cm für die Spielfläche sowie einen Rest für den Raubvogel
- durchsichtige Einbandfolie
- 1 Holzklötzchen (Kantenlänge ca. 3 cm)
- Tonpapier zum Bekleben des Würfels

Und so wird's gemacht

Spielfiguren

Ein Streichholz wird mit Klebstoff bestrichen und bis zur Hälfte in eine Wattekugel von 3 Zentimeter Durchmesser gesteckt. Über die andere Hälfte steckt man eine der kleineren Wattekugeln. So erhält man Rumpf und Kopf eines Vögelchens.

Auf die gleiche Weise werden die anderen drei Vögelchen hergestellt. Anschließend malt man jedes Vögelchen verschiedenfarbig mit Wasser- oder Flüssigfarbe an.
Mit Federn gestaltet man den Schwanz und die Flügel, aus den Papprresten schneidet man für jeden Vogel einen Schnabel und Standfüße und klebt alles an die Wattekugeln.

Spielfläche

Aus der weißen Bastelpappe schneidet man ein Quadrat von 40 x 40 Zentimetern aus. Darauf zeichnet man die beiden Diagonalen, so daß man 4 gleichgroße Dreiecke erhält. Die einzelnen Dreiecke werden nun in 1 Zentimeter breite Streifen eingeteilt, und zwar vom Rand des Spielfelds beginnend bis etwa 3 Zentimeter vor dem Mittelpunkt.

Nun malt man die Streifen abwechselnd in den 4 Spielfarben an. In die Mitte des Spielfeldes wird ein Vogelnest gemalt. Die fertige Spielfläche beklebt man mit durchsichtiger Einbandfolie; so wird sie geschützt und ist auch abwischbar.

Würfel

Für den Farbwürfel benötigt man den Holzklotz, der, wie in der Skizze angegeben, mit Tonpapier beklebt wird. Vier Seiten des Würfels werden – entsprechend den Spielfarben – bemalt. Auf die beiden übrigen Seiten wird einmal ein Vogel und einmal ein Glückszeichen, zum Beispiel ein Ei, aufgezeichnet. Den Würfel beklebt man zum Schutz vor Schmutz ebenfalls mit durchsichtiger Einbandfolie.

Raubvogel

Der Raubvogel, zum Beispiel ein Adler, wird auf dicke Bastelpappe aufgezeichnet, anschließend ausgeschnitten, bunt angemalt und beidseitig mit Einbandfolie beklebt. Danach zerschneidet man den Raubvogel vorsichtig in mehrere einfache Puzzleteile.

Und so wird gespielt

Die Vogelgeschichte ist die, daß alle kleinen Vögelchen aus ihrem Nest herausgefallen sind und nun – so schnell wie möglich – wieder in ihr Nest (Spiefeldmitte) zurückmüssen, bevor sie von ihrem Widersacher, dem Raubvogel, gefangen werden. Um gegen diesen Widersacher aber angehen zu können, müssen alle Vögel zusammenhalten.
Der jüngste Mitspieler beginnt zu würfeln und darf dann auf das erste Feld der gewürfelten Farbe seines Dreiecks vorrücken. Würfelt das Kind allerdings das Vogelsymbol, muß ein Teil des Adlerpuzzles hingelegt werden. Wird das Glückssymbol gewürfelt, darf das Kind seinen Vogel um einen weiteren Farbstreifen vorrücken und nochmals würfeln.
Wenn ein Mitspieler schon im Nest angekommen ist, darf er trotzdem weiterspielen und kann seine erwürfelten Farbpunkte an seine Mitspieler verschenken.
Ziel ist es, alle Vögelchen so schnell wie möglich in das Vogelnest zu bekommen, ehe alle Puzzleteile des Raubvogels zusammengesetzt sind. Das Spiel ist beendet, wenn entweder alle Vögel im Nest angekommen sind oder aber der Raubvogel komplett ist.

Betty Scheid

Riesenraupe

Die Riesenraupe ist ein lustiges, aber recht anstrengendes Spiel, gerade richtig zum Austoben für eine fröhliche Kindergruppe, zum Beispiel bei einem Geburtstagsfest im Frühling. Je mehr Kinder mitmachen, um so größer werden die Raupen und um so lustiger wird das Wettrennen. Die Riesenraupe eignet sich für drinnen und für draußen; strapazierfähige Kleidung ist in jedem Fall angesagt. Auf Kunststoff-Teppichboden sollte man allerdings besser nicht spielen, denn wenn sich ein Kind hier die Haut aufschürft, können die Fasern unter Umständen zu schlecht heilenden Wunden führen.

Und so wird gespielt

Die Kinder werden in zwei Gruppen aufgeteilt. Die Kinder einer jeden Gruppe knien sich in einer Reihe hintereinander auf den Boden, umfassen jeweils mit den Händen die Fußgelenke des Mädchens oder des Jungen vor ihnen und bilden so eine Raupe.
Nach dem Startzeichen setzen sich die beiden Raupen in Bewegung, und jede versucht, als erste das zuvor festgelegte Ziel zu erreichen. Fällt ein Glied des manchmal ziemlich langen Untiers um, muß der nächste Spieler sofort aufschließen, und das ausgefallene Kind hängt sich schnell wieder am Ende an. Die Raupe, die zuerst mit allen Gliedern am Ziel angekommen ist, gewinnt.
Inka Pirron

Übrigens

Dieses Spiel kann Teil eines Geburtstagsturniers sein: Die Mitglieder der siegreichen Raupe erhalten alle einen bunten Pappunkt. Bei anderen Wettspielen gibt es weitere Punkte, und zum Schluß können die Punkte in Preise umgetauscht werden.

Blumenkränze

Wie man einfache Kränze aus Gänseblümchen oder Löwenzahn herstellt, weiß fast jeder: Der Blütenstiel wird mit dem Daumennagel gut 5 Millimeter unter der Blüte vorsichtig eingeschlitzt.

Durch die etwa 1 Zentimeter große Öffnung zieht man den Stiel der zweiten Pflanze bis zur Blüte. Der Stiel der zweiten Pflanze wird ebenfalls mit dem Daumennagel aufgeschlitzt.

Das wird so lange wiederholt, bis die Kette die richtige Länge hat, um gut auf dem Kopf zu sitzen. Um den Kranz zu schließen, steckt man den Blütenkopf der ersten Blume durch den Schlitz der letzten Blume.

Von polnischen Kindern können wir eine Binde- und Flechttechnik lernen, die bei uns weitestgehend verlorengegangen ist. Damit lassen sich fingerdicke Blumenkränze fertigen. Man benötigt dazu Blumen, die biegsame Stengel haben, wie beispielsweise Gänseblümchen, Wiesenschaumkraut, Klee, Hahnenfuß etc. Ebenfalls gut geeignet sind alle Gräser.

Von zarten Blümchen nimmt man am besten immer gleich mehrere auf einmal. Wie es gemacht wird, ist auf den untenstehenden Bildern Schritt für Schritt gezeigt.

Bevor die Kinder allerdings mit dem »großen Pflücken und Rupfen« beginnen, sollte man sie daran erinnern, daß viele Tiere von den Pflanzen leben, jede Blüte eine Kostbarkeit ist und sie deshalb niemals mehr als nötig und immer nur von Pflanzen pflücken dürfen, die in großen Mengen vorkommen!

Bernhard Lehnert

Die Bohne ist nicht ohne

Keim- und Wachstumsprozesse von Pflanzen zu beobachten ist faszinierend – und das nicht nur für Kinder. Mit Bohnen, die sich durch ihr Größe leicht handhaben lassen und die außerdem meist schnell und problemlos keimen, lassen sich eine Reihe einfacher Experimente durchführen, die einen kleinen Einblick in die Wunderwelt der Natur gestatten.

Bohnen heben Gewichte

Bohnen haben die Kraft, ein Vielfaches ihres Eigengewichtes zu heben. Im folgenden Experiment wird dies auf eindrucksvolle Art und Weise demonstriert.

Man benötigt dazu

- 5 Torftöpfe oder Joghurtbecher
- gute Gartenerde
- alte Deckel von Joghurtbechern oder Pappstücke, die so groß sind, daß man die Becher damit abdecken kann
- kleine Gewichte oder Steine von 10, 20, 30, 40 und 50 Gramm
- 15 Bohnen

Und so wird's gemacht

Die Torftöpfe oder Joghurtbecher werden mit Gartenerde gefüllt. Man stellt jeweils 3 Bohnen von etwa gleicher Größe zusammen und drückt sie etwa 1 Zentimeter tief in der Mitte jedes Bechers in die Erde.
Dann gießt man vorsichtig, so daß die Erde feucht, aber nicht naß ist. Die Töpfe oder Becher werden anschließend mit den Joghurtbecherdeckeln oder Pappstücken abgedeckt. Obendrauf legt man die kleinen Gewichte: 10 Gramm auf den ersten, 20 Gramm auf den zweiten und so

weiter. Nach einigen Tagen beginnen die Bohnen zu keimen. Nun kann man sie in aller Ruhe beobachten und darüber staunen, welches Gewicht sie heben können.

Wachstum messen – unten und oben

Zu diesem Experiment kann man einen Blick unter die Erdoberfläche werfen – und die sonst verborgenen Wurzeln beobachten.

Man benötigt dazu

- 1 Glas (zum Beispiel ein altes Marmeladenglas)
- 1 Glastrichter, wenn vorhanden
- gute Gartenerde
- Bohnen

Und so wird's gemacht

Man füllt das Glas mit Erde und drückt die Bohnen direkt am Gefäßrand 2 bis 3 Zentimeter tief hinein. Da die Wurzeln immer bestrebt sind, senkrecht zu wachsen, ist die Wurzelbildung um so deutlicher zu sehen, je schräger die Gefäßwand ist. Sehr gut geeignet ist daher ein Glastrichter für dieses Experiment. Man kann aber auch das Glas einfach schräg stellen.
Das Wachstum der Wurzeln markiert man täglich an der Gefäßwand. Um das Wachstum des Triebes messen zu können, steckt man einen Stab, an dem die Markierung angezeichnet werden kann, neben die Bohne in die Erde.
Natürlich darf man auch bei diesem Experiment das Gießen nicht vergessen!

Übrigens

Wenn man die Experimente im Frühjahr durchführt, kann man die kleinen Bohnenpflänzchen anschließend in den Garten pflanzen und nicht nur ihr weiteres Wachstum beobachten, sondern, gute Pflege vorausgesetzt, eines Tages auch eine kleine Bohnenernte einbringen.

Bernhard Lehnert

Räubersalat zum Frühling

Räuber sind bekanntlicherweise meistens ziemlich hungrig und braten sich gern riesige Fleischstücke am Lagerfeuer. Damit aber bei den kleinen Räubern die Vitaminzufuhr nicht zu kurz kommt, gibt es für sie einen riesengroßen Räubersalat.

Zutaten für 12 Räuber

Für den Salat

- 4 Bund Radieschen
- 2 Salatgurken
- 1/2 Glas Senfgurken
- 6 Fleischtomaten
- eventuell einige gefüllte Oliven
- 1 Bund Schnittlauch

Für die Sauce

- 250 g Quark
- 1 kleiner Becher Joghurt
- 2 Teelöffel Zitronen- oder Orangensaft
- 2 Eßlöffel Ketchup (ohne Konservierungsmittel und andere chemische Zusätze)
- 1 Prise Salz, weißer Pfeffer
- etwas Zucker
- Paprikapulver
- 2 Eßlöffel Distelöl
- eventuell etwas Worcestersauce

Und so wird's gemacht

Die Radieschen und die Tomaten waschen und in Scheiben beziehungsweise Würfel schneiden. Die Salatgurke schälen, halbieren, die Kerne mit einem Löffel auskratzen und die Gurkenhälften in Bögen schneiden.

Danach die Senfgurken würfeln, die Oliven in Scheiben und den gewaschenen Schnittlauch in kleine Röllchen schneiden.

Die Zutaten für die Sauce alle in eine Schüssel geben und mit dem Schneebesen beziehungsweise dem Handrührgerät gut verrühren (eventuell noch etwas Worcestersauce zugeben).

Dann die zerkleinerten Gemüsesorten in die Schüssel geben, leicht durchheben und mit den Schnittlauchröllchen garnieren.

Besonders gut schmeckt dazu frisches Vollkornbrot mit Butter und Käse.

Gerda Reinscheid

Pfannkuchen nach Pizza-Art

Diese Pfannkuchen sind ein richtiges Wunschessen, denn man kann den Belag ganz nach dem Geschmack der Esser variieren. Die Teigmenge reicht für zwei große Pfannkuchen, wovon normalerweise vier bis fünf Kinder satt werden.

Zutaten für zwei große Pfannkuchen

Für den Teig

- 250 g Mehl
- 1/2 l Milch
- 4 Eier
- 1 Teelöffel Salz
- Margarine zum Ausbacken

Für den Belag

- Tomaten
- Paprika
- Salami
- Würstchen
- Ananas
- eventuell andere Gemüse-, Obst- und Wurstsorten nach Geschmack

Und so wird's gemacht

Die Zutaten für den Teig in eine Schüssel geben und mit dem Handrührgerät gut vermischen.
In einer Pfanne etwas Margarine erhitzen und ungefähr die Hälfte des Teiges hinzugeben. Den Pfannkuchen goldgelb backen, danach wenden. Nun die gewaschenen und in Stücke geschnittenen Tomaten und Paprikaschoten, kleine Salamistückchen, kleingeschnittene Würstchen usw. auf dem Pfannkuchen verteilen. Den Pfannkuchen erneut wenden und auf der belegten Seite nochmals 1 bis 2 Minuten backen.
Danach den Pfannkuchen vorsichtig aus der Pfanne nehmen, auf einen großen Teller legen (belegte Seite nach oben) und in kleine Stücke schneiden.
Aus dem restlichen Teig einen zweiten Pfannkuchen machen, der im Belag eventuell variieren kann, damit für jedes kleine Schleckermäulchen geschmacklich etwas dabei ist.

Beate Wagner

Faschingszeit

Refrain
Was ist das Tolle an der Faschingszeit?
Total verrückte Dinge sind erlaubt!
Alle sind lustig und zu jedem Quatsch bereit,
es tummeln sich die Narren,
ganz egal, wohin man schaut!

1.
Mit Allez-Hopp, Alaaf und Helau
begrüßt man sich an Fasching,
das weiß jeder ganz genau! –
Na, was meinst du?
Refrain: Was ist das Tolle ...

2.
Gesichter sind oft ganz bedeckt
mit Masken, daß man nicht erkennt,
wer wohl dahintersteckt. –
Na, was meinst du?
Refrain: Was ist das Tolle ...

3.
Durch die Straßen ziehn völlig verrückt
die bunten Umzugswagen,
mit viel Fantasie geschmückt. –
Na, was meinst du?
Refrain: Was ist das Tolle ...

4.
Gesungen und getanzt wird sehr viel,
auf Stühlen, Tischen, Bänken,
ganz allein und im Gewühl. –
Na, was meinst du?
Refrain: Was ist das Tolle ...

Judith Rosch

Rübezahl tanzt mit der Hexe

Es muß vor zwei Jahren gewesen sein. Ja! Vor zwei Jahren – zu einer Zeit, als überall Fasching gefeiert wurde. Manche nennen das Fest auch Karneval oder Fastnacht. Jedenfalls wollte die kleine Blumenfrau Lena damals ordentlich feiern. Denn wenn es irgendwann und irgendwo etwas zu feiern gibt, ist Lena immer mit großer Begeisterung dabei.
Nun hatte sie zu dieser Zeit einen ganz fantastischen Einfall. Er war wirklich fantastisch. Ihr müßt nämlich wissen, daß Lena eine richtige Buchnärrin ist. Manche sagen: »Lena ist ein Bücherwurm.«
Sie liest eben gerne Bücher. So hat sie schon eine ansehnliche Bibliothek zusammen, also eine ganz stattliche Reihe von Büchern. Am liebsten mag sie Märchen, alte und neue. Und da hatte sie

diesen fantastischen Einfall. Sie sagte sich: »Wenn wir in diesem Jahr feiern, dann soll sich jeder, alle Mädchen und Buben, verkleiden. Jeder soll in einem schönen Kostüm kommen, also in einem Kleid oder Anzug, so daß jeder wie eine Gestalt aus einem Märchen aussieht. Zum Beispiel wie der gestiefelte Kater – also in Stiefeln und mit Katzenschnurrhaaren – oder wie die Schneekönigin – ganz in Weiß und mit einer Krone auf dem Kopf. Oder vielleicht auch wie Hans im Glück.«
Und tatsächlich! Allen machte es einen Riesenspaß, zu Lena in einem Märchenkostüm zu kommen. Ein Mädchen hatte sich als Dornröschen verkleidet, ein anderes als Schneewittchen. Die Buben kamen als Rübezahl mit langem Bart, als das tapfere Schneiderlein und als Hänsel. Da war natürlich Gretel auch nicht weit. Und – mit einem Reisigbesen ausgestattet – kam gleich die Hexe hinterdrein.
Selbstverständlich gab es auch eine Musikkapelle. Die Musiker waren mit roten Zipfelmützen angetreten, und sie trugen lange graue Bärte im Gesicht: sieben an der Zahl. Die sieben Zwerge!
Natürlich hatte sich auch die Blumenfrau Lena verkleidet – als Rotkäppchen. In ihrem Korb trug sie einen runden Kuchen und ein paar Blumen – ihr wißt schon aus dem Märchen: für den Besuch bei der Großmutter.
Aber als Großmutter hatte sich kein Mädchen verkleidet. Doch zu dem Fest waren gleich zwei Wölfe erschienen. Und die waren sofort hinter Lenas Körbchen her und vor allem hinter dem

Kuchen. Aber Lena verteidigte ihren Kuchen, denn das größte Stück davon sollte Schneewittchen haben. Als Schneewittchen war nämlich Lenas Freundin gekommen: die Krankenschwester Susanne. Aber die beiden Wölfe bekamen dann auch etwas von dem Kuchen ab.
Das war ein Riesentrubel in der Gymnastikhalle. Denn dort fand das Fest statt. Die kleine Blumenfrau hatte dafür gesorgt, daß der Raum ausgeschmückt war – mit breiten farbigen Papierbändern und mit Girlanden. Wirklich für alle war es ein Spaß, als Rübezahl mit der Hexe einen Walzer tanzte und die Schneekönigin mit Hans im Glück einen Foxtrott.
Zwischendurch riefen die sieben Zwerge, während sie Musik machten: »holdriho!« und »juhu!« und »auf geht's!«
Der gestiefelte Kater wollte immer dicht bei Frau Holle sitzen, aber das gefiel dem tapferen Schneiderlein gar nicht, denn auch er hatte Frau Holle besonders gern. Nach einer Weile saß schließlich der gestiefelte Kater auf der linken Seite von Frau Holle und das tapfere Schneiderlein auf der rechten Seite. Da waren beide zufrieden.
Gegen Ende des Kostümfestes wurde eine Reihe schöner Dinge verlost. Den besten Gewinn dabei erhielt Gretel: ein wunderschönes Buch mit neuen Märchen. Natürlich steckte auch gleich Hänsel seine Nase in diesen Band und sah sich die Bilder darin an. »Super!« sagte er schließlich.
Zum Schluß bildeten alle einen großen Kreis und sangen »Die Tiroler sind lustig« und die Lieder vom Rübezahl und von Hänsel und Gretel.
Und dann gab jeder dem Rot-käppchen – das war ja die kleine Blumenfrau Lena – die Hand und sagte: »Dankeschön! Es war einfach toll! Ein toller Faschingstag!«

Hans-Joachim Ludwig

Masken basteln

Was wäre Fasching ohne Masken? Mit keiner anderen Verkleidung kann man sich so verändern als mit einer Maske, und die schönsten Masken sind die selbstgebastelten.

Masken aus Tüten

Wenn hier mit Tüten gebastelt wird, sind selbstverständlich immer Papiertüten – fertig gekaufte oder selbstgemachte – gemeint. Niemals darf man Plastiktüten verwenden, denn, über den Kopf gezogen, können sie für Kinder sehr gefährlich werden!

Man benötigt dazu

- große Papiertüten oder dickes Papier (Tapete)
- Fingerfarbe
- Wolle
- Filzreste
- Naturmaterialien aller Art
- Klebstoff und Kreppklebeband

Und so wird's gemacht

Die Kinder ziehen die Tüten zunächst so über den Kopf, daß sie auf den Schultern aufstehen. Dann werden vorsichtig die Augen markiert, die Tüten wieder abgezogen und die Augenlöcher ausgeschnitten.
Mit der Fingerfarbe können die Kinder nun die Masken bemalen und/oder je nach Lust und Laune mit Wolle, Filzresten und Naturmaterialien (zum Beispiel Federn, Kork, Blätter, ...) bekleben.
Falls man keine Papiertüten hat, kann man sie aus dickem Papier (sehr gut geeignet sind Tapetenreste) ausschneiden und mit Kreppklebeband zusammenkleben (siehe dazu auch die folgende Anleitung für die »Fantasiemasken«).

Übrigens

Sowohl das Herstellen der Masken als auch das anschließende Spiel damit macht Kindern sehr viel Spaß, da sie im Schutze der Maske plötzlich ganz anders sein, ganz andere Rollen übernehmen können. Deshalb ist es auch sehr wichtig, daß die Kinder selbst entscheiden, welche Maske sie herstellen und wen oder was sie zur Abwechslung einmal darstellen möchten.
Mit solchen einfachen Masken kann man überdies ohne großen Aufwand Märchenthemen nachspielen.

Rosemarie Seeberger

Fantasiemasken

Auch dies sind ganz einfache, selbst hergestellte Masken, die zum Unterschied zu der auf der nebenstehenden Seite vorgestellten aber Nase und Mund freilassen.

Man benötigt dazu

– Reste von Tapetenrollen
– lösungsmittelfreien Klebstoff
– Kreppapier
– Buntpapier
– altes Geschenkpapier, falls vorhanden

Und so wird's gemacht

Zuerst schneidet man aus der Tapetenrolle ein Quadrat aus. Die Breite der Tapete ist dabei die Seitenlänge des Quadrats (1.). Das Quadrat wird dann einmal diagonal gefaltet (2.).

1.

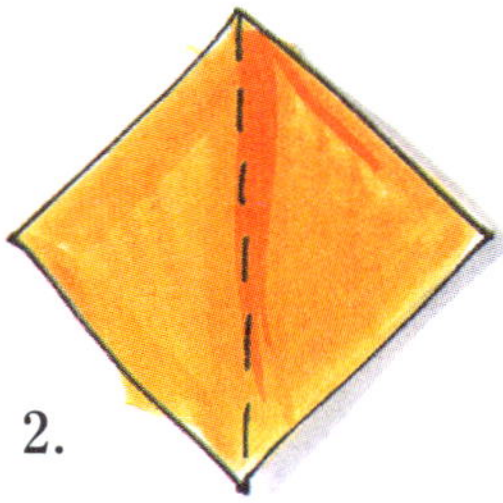

2.

Nun legt man beide Seiten des Quadrats entlang des Mittelfalzes nach innen (3. und 4.).

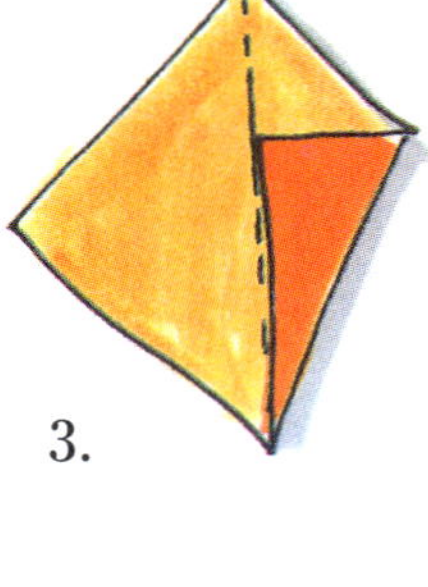

3.

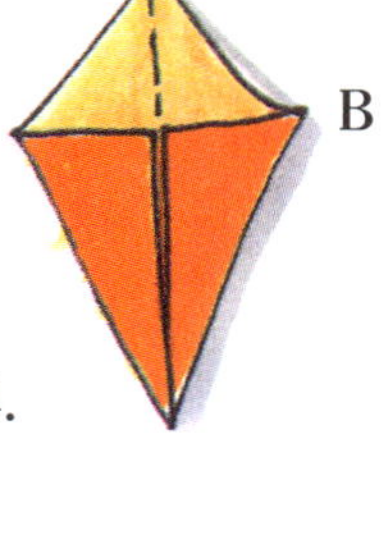

4.

Die Arbeit wird nun umgedreht und die Spitze A entlang der Kante B auf die geschlossene Seite gefaltet (5.).

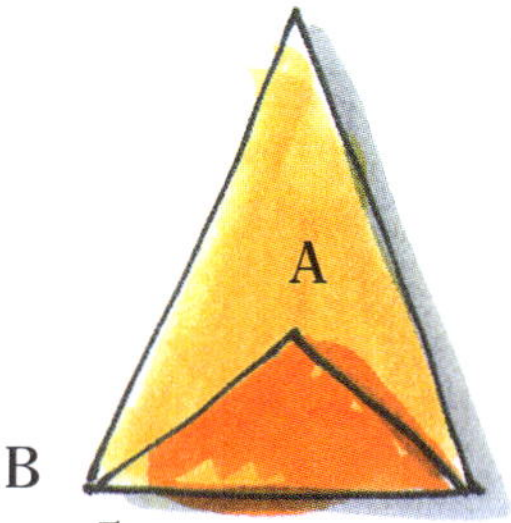

5.

6.

Die Arbeit wird wieder umgedreht, man schiebt die beiden offenen Kanten etwas übereinander, klebt sie zusammen und drückt die Klebestelle fest an.
Nun stülpt man die Maske über den Kopf und markiert vorsichtig die Stellen, an denen die Augenausschnitte angebracht werden sollen. Danach schneidet man die beiden Löcher für die Augen aus, klebt an die Maskenspitze buntes Kreppapier und schmückt die gesamte Maske mit Buntpapier- oder Geschenkpapierschnipseln aus (6.).

Beate Wagner

Faschingsschweinchen und Clownsgesichter

Das Backen dieser Faschingsleckereien ist so einfach, daß selbst die Kleinsten es ohne große Hilfe der Erwachsenen meistern können.

Zutaten für ca. 26 Stück

- 300 g Quark
- 12 Eßlöffel Milch
- 12 Eßlöffel Öl
- 150 g Zucker
- 1 Päckchen Vanillezucker
- etwas Salz
- 600 g Mehl
- 1 Päckchen Backpulver
- 2 Eigelb zum Bestreichen

Zum Verzieren

- Rosinen
- Zuckerguß aus 100 g Puderzucker und 2 Eiweiß
- etwas Kirsch- oder Rote-Bete-Saft
- Zuckerstreusel
- Zuckerperlen u. ä.

Und so wird's gemacht

Den Quark mit der Milch, dem Öl, dem Zucker, dem Vanillezucker und etwas Salz verrühren. Danach das mit Backpulver gemischte und gesiebte Mehl eßlöffelweise zugeben. Den Teig in zwei Teile teilen und die eine Hälfte für die Schweinchen auf einer bemehlten Arbeitsfläche ausrollen.

Mit einem Glas oder Becher (etwa 8 cm Durchmesser), dessen Rand man zunächst in etwas Mehl taucht, werden zwei Plätzchen ausgestochen, ein drittes, kleineres mit einem Schnapsgläschen. Die Ränder des kleinen Plätzchens bestreicht man mit den verquirlten Eigelben und drückt es als »Nase« auf ein größeres Plätzchen.

Das zweite große Plätzchen wird halbiert und als »Ohren« auf das erste Plätzchen gesetzt, indem man die Ränder zuvor ebenfalls mit Eigelb bestreicht. Zwei Rosinen dienen als Augen. Die Nasenlöcher bohrt man mit einem Holzstäbchen in die Nase.

Die übrigen Schweinchen werden ebenso hergestellt, auf ein eingefettetes Backblech gesetzt und bei 175° C etwa 20 Minuten gebacken.

Aus der anderen ausgerollten Teighälfte backt man die Clownsgesichter. Dazu einen großen Kreis als Gesicht und einen kleinen als Nase ausstechen. Als Haare oder Hüte können Teigstückchen mit Eigelb aufgeklebt werden. Der Clown wird nach dem Backen verziert. Dazu den Zuckerguß herstellen, indem man die beiden Eiweiße mit dem gesiebten Puderzucker verrührt, diese Masse nochmals durch das Sieb drückt und mit einem Kuchenpinsel auf die Clownsmaske verteilt.

Für die rote Clownnase den Zuckerguß mit etwas Kirsch- oder Rote-Bete-Saft färben und mit einem Kuchenpinsel auf die Nase streichen. Die Augen mit Rosinen, Zuckerperlen und ähnlichem gestalten, als Haare können zum Beispiel Zuckerstreusel dienen – das Ganze wird mit Zuckerguß befestigt.

Christiane Lindner

Rätsel zur Faschingszeit

Grünkariert sind meine Hosen,
rot die Mütze, blau das Hemd;
singe froh mein Tri-tra-trulla,
wem bin ich wohl dann noch
fremd?

(Kasper)

Meinen Kopf zier'n bunte Federn,
mein Gesicht hat Streifen grell;
reite ich auf meinem Pferde,
bin ich wie der Wind so schnell.

(Indianer)

Rabenschwarz ist meine Kleidung,
Hände gar, auch mein Gesicht;
brauche Leiter, Kugel, Besen,
welches Kind erkennt mich nicht?

(Schornsteinfeger)

Punkte weiß auf rotem Hut,
steh'n zum Fasching mir recht gut.
Gibt's im Walde mich zu sehn,
halt, dann laß mich lieber stehn!

(Fliegenpilz)

Margot Weiß

Osterei

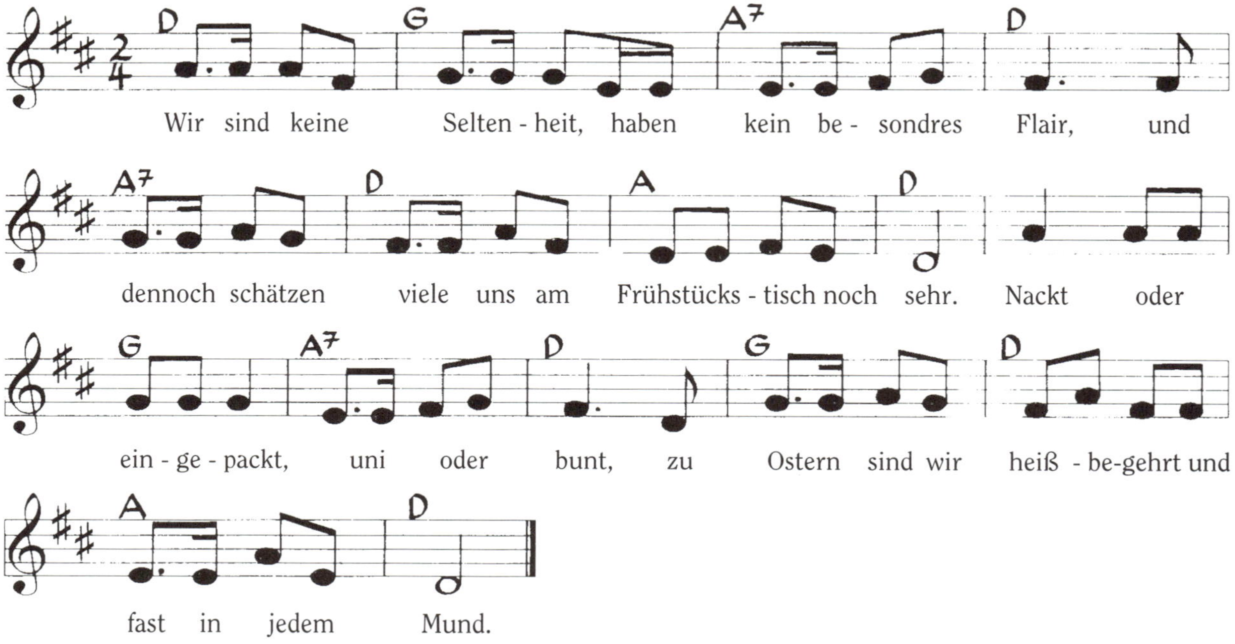

Refrain
Nackt oder eingepackt,
uni oder bunt,
zu Ostern sind wir heißbegehrt
und fast in jedem Mund.

1.

Wir sind keine Seltenheit,
haben kein besondres Flair,
und dennoch schätzen viele uns
am Frühstückstisch noch sehr.
Refrain: Nackt oder ...

2.

Ob im Kuchen, im Salat –
wir mischen immer mit,
ganz sicher gibt es keinen,
der an unsre Stelle tritt.
Refrain: Nackt oder ...

3.

Und zu jeder Osterzeit
teilen wir die Rolle gern,
denn dann bekommen wir Besuch
von einem andern Stern.
Refrain: Nackt oder ...

4.

Diese Freunde sind verpackt
in Folie und Papier,
sie sind verschieden groß,
doch in der Form genau wie wir.
Refrain: Nackt oder ...

5.

Hat man sie erst mal gepellt,
entdeckt man schon sehr bald:
fast alle schmecken zuckersüß
und eigentlich nur kalt!
Refrain: Nackt oder ...

6.

Süß und salzig liegen wir
dann in dem Osternest
und freun uns, daß sich mancher
Ostereier schmecken läßt.
Refrain: Nackt oder ...

Judith Rosch

Oster-Ei-Meister Hasemann

Alle Hasen, kommt herbei!
Wie macht man ein Oster-Ei?
»Was ein Hase lernen kann«,
sagt der Meister Hasemann,
»zeig' ich euch hier an dem Tisch.
Wichtig ist das Ei-Gemisch.

Zucker muß vor allem sein.
Schokolade muß hinein,
Marzipan oft außerdem.
Was ich häufig auch noch nehm':
Nougat, Pfefferminz, nicht wahr,
Knickebein – ganz wunderbar.«

»Merkt euch das!« sagt Hasemann.
Streng sieht er die Häschen an.
»Nur die besten Hasen-Eier
taugen für die Oster-Feier.
Unser Ruf, der fällt und steht
mit der Eier-Qualität!«

Hans-Joachim Ludwig

Hasenwettlauf zum Futterplatz

Dies ist ein Spiel zum Selbermachen, bei dem 6 Kinder mitspielen können (für Erwachsene ist es aber auch nicht verboten!).

Man benötigt dazu

- Papier
- Zirkel
- 6 verschiedene Farbstifte
- 1 Farbwürfel (wie man selbst einen herstellt, ist auf Seite 23 erklärt)
- Schere
- »Hasenfutter«

Und so wird's gemacht

Auf dem Papier werden mit Hilfe des Zirkels 6 bis 10 konzentrische Kreise (je nach Belieben) gezogen. Im Mittelkreis ist der Futterplatz, auf dem zum Beispiel ein Bonbon liegt. Die Kreisflächen zerlegt man in 6 gleich große Segmente. (Radius des äußeren Kreises sechsmal auf seinem Umfang abtragen und die Schnittpunkte mit dem Mittelpunkt verbinden!)

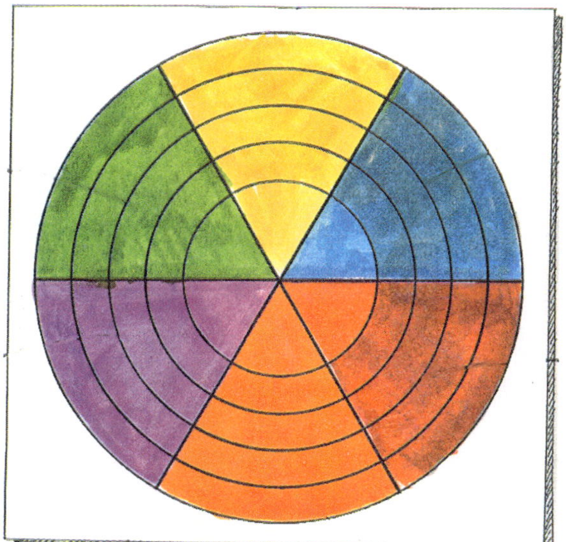

Jedes Segment wird mit einer anderen Farbe ausgemalt. Die Farben müssen mit den Farben des Farbwürfels identisch sein.

Dann fertigt man anhand der Vorlage sechs Häschen an, die jeweils wieder in einer Spielfarbe angemalt werden. Die Häschen schneidet man am besten aus einem gefalteten Papier und knickt dann die Beine als Standflächen um. Schon kann es losgehen!

Und so wird gespielt

Jedem Kind wird eine Farbe zugeordnet. Wer seine Farbe würfelt, darf um einen Ring Richtung Futterplatz vordringen. Das Häschen, das zuerst den Futterplatz erreicht, bekommt das Bonbon, das in der Mitte des Kreises liegt, oder eine »hasenmäßige« Mohrrübe.

Christa Alt

Osterrätsel

Es ist braun und läuft ganz
schnell
und hat ein weiches, braunes
Fell.
Man sieht es oft im Grase
sitzen
und seine langen Ohren
spitzen.
Könnt ihr mir sagen,
was das ist?

(Osterhase)

Jedes Jahr zur Osterzeit
liebt mich jeder weit
und breit.
Ich bin klein und rund,
oftmals auch ganz bunt.
Man legt mich meist ins
grüne Gras
und sagt, ich wär' vom
Osterhas!
Manchmal kann's auch sein
man legt mich in ein Nest
hinein.
Na, was kann das sein?

(Osterei)

Uta Teuber

Spiele mit Füchsen und Osterhasen

Zwei Osterhasen und ein Fuchs

Dieses Kreisspiel wird im Freien gespielt. Mitmachen können alle Kinder; es sollten so viele sein, daß ein Kreis gebildet werden kann und zusätzlich ein Fuchs und ein Hase zur Verfügung stehen.

Man benötigt dazu

– Kreide oder Seile zum Markieren der Standplätze

Und so wird gespielt

Alle Kinder, bis auf eines, das den Osterhasen spielen wird, bilden einen Kreis. Der Abstand zwischen den einzelnen Kindern sollte etwa anderthalb Meter betragen. Der Standplatz eines jeden Kindes wird nun mit einem Kreidekreis/Seilkreis gekennzeichnet. Eines der Kreiskinder wird zum Fuchs bestimmt. Der Osterhase steht außerhalb des Kreises. Er deutet mit den Händen die Hasenohren an. Dabei hält er beide Hände rechts und links des Kopfes, Handflächen nach vorne, empor, wobei die Handgelenke in etwa auf Höhe der Schädeldecke sein sollten.

Nun kann das Spiel beginnen, und die Kinder rufen:

»Osterhase, froh und heiter,
laufe los und laufe weiter!«

Bei diesen Worten läuft der Osterhase um den durch die Kinder gebildeten Kreis. Ganz plötzlich ruft nun die Spielleiterin/der Spielleiter: »Halt!«

Der Osterhase bleibt stehen und wendet sich an das Kind, das ihm nun am nächsten ist. Zu diesem Kind sagt der Osterhase:

»Jetzt sollt du – plitz, platz – auf Erden
auch ein Osterhase werden!
Dreimal hüpfen und dann laufen,
ohne Keuchen, ohne Schnaufen!«

Die beiden Osterhasen hüpfen dreimal und laufen dann gemeinsam um den Kreis herum. Nach kurzer Zeit ruft die Spielleiterin/der Spielleiter:

»Halt! Dreimal hüpfen und dann laufen,
ohne Keuchen, ohne Schnaufen!«
Die beiden Osterhasen hüpfen erneut dreimal und laufen dann weiter im Kreis. Bald danach ruft die Spielleiterin/der Spielleiter:
»Der Fuchs kommt!«
Nun läuft das zuvor zum Fuchs ernannte Kind hinter den beiden Osterhasen her und versucht, sie zu fangen. Die Osterhasen können sich jedoch retten, indem sie sich in je einen der beiden frei gewordenen Kreise stellen.
Kann der Fuchs keinen der beiden Hasen fangen, beginnt das Spiel von neuem; diesmal mit anderen Kindern.
Fängt der Fuchs aber einen der beiden Osterhasen, so darf er den nächsten Osterhasen und den nächsten Fuchs bestimmen.

Hans-Joachim Ludwig

Fuchs und Hase

Nachlaufspiele sind bei Kindern sehr beliebt. Eines der bekanntesten dieser Art von Spielen ist »Fuchs und Hase« (genauer müßte es eigentlich »Fuchs und Hasen« heißen, denn es gibt immer nur einen Fuchs, und alle anderen Kinder sind die Hasen). Bei diesem Spiel können sich die Kinder wieder mal so richtig austoben, daher paßt es auch in den Frühling, wenn man wieder längere Zeit im Freien zubringen kann.
Die Grundspielidee ist sehr einfach: Die Hasen laufen vor dem Fuchs davon, der versucht, einen der Hasen zu fangen. Wenn ihm dies gelungen ist, verwandelt sich der gefangene Hase in den Fuchs, und der Fuchs wird zum Hasen. Auf die Dauer wird diese einfache Spielform aber den meisten Kindern doch etwas langweilig. Deshalb stellen wir hier einige Varianten vor.

Zappelzeck

Ein Hase, der auf Händen steht (Zappelhandstand), darf nicht gefangen werden. Dies ist gar nicht so einfach für den Hasen, denn in so einem Zappelhandstand kann man sich meist nicht sehr lange halten, aber als kurzfristiger Ausweg hat er schon so manchen Hasen gerettet ...

Kletterzeck

Der Hase, der irgendwo hochklettern kann – am einfachsten ist es meist, wenn er sich auf einen Stuhl rettet –, darf nicht gefangen werden. Im Freien ist diese Variante meist aufregender, denn hier stehen oft keine bequemen Stühle zu Verfügung ... Natürlich müssen die Hasen wieder herunterkommen, sobald die akute Gefahr vorüber ist,

denn wenn alle Hasen oben blieben, wäre das Spiel bald zu Ende!

Kreuzzeck
Wenn zwischen dem Fuchs und dem Hasen, den er gerade verfolgt, ein anderer Hase durchläuft, dem Fuchs also den Weg kreuzt, muß der Fuchs seine Verfolgung des einen Hasen aufgeben und den kreuzenden Hasen verfolgen. Arbeiten die Hasen also gut zusammen, wird der Fuchs ganz schön aus der Puste kommen!

Zwillingszeck
Zwei Hasen fassen sich an den Händen und laufen gemeinsam umher. So können sie nicht vom Fuchs gefangen werden. Wenn aber nun ein dritter Hase hinzukommt und einen der beiden Zwillingshasen an der freien Hand faßt, muß der andere an der anderen Seite loslassen und so lange alleine weiterlaufen, bis er einen neuen Hasenpartner gefunden hat.

Körperzeck
Der Fuchs hat einen Hasen dann gefangen, wenn er ihn an irgendeiner Körperstelle angetippt hat. Der nun zum Fuchs gewordene Hase muß sich die ganze Zeit, in der er sich selbst auf Hasenfang befindet, mit einer Hand an dem betreffenden Körperteil festhalten beziehungsweise ihn berühren. Dadurch ist er leicht benachteiligt, denn es steht ihm ja zum Hasenfang nur noch eine Hand zur Verfügung.

Stoppzeck
Beim Stoppzeck wird der gefangene Hase nicht mehr automatisch zum Fuchs, sondern muß so lange unbeweglich stehen bleiben, bis er von einem anderen Hasen befreit (berührt) wird. Ein geschickter Fuchs kann es schaffen (vorausgesetzt, es spielen nicht allzu viele Hasen mit), daß er alle Hasen stoppt und keiner mehr übrig ist, die anderen zu befreien.

Huckepackzeck
Wenn sich ein Hase vom Fuchs allzusehr bedroht fühlt, darf er zu seiner Rettung auf den Rücken eines anderen Hasen springen (falls ihm dieses Kunststück gelingt ...). Dies ist allerdings nur dann erlaubt, wenn sich der Hase wirklich in höchster Gefahr befindet!

Uta Teuber

Mobile aus Eier-Fesselballons

Eier und Eierkartons sind beliebte Bastelobjekte, ganz besonders um die Osterzeit herum. Beide Materialien beweisen auch hier wieder einmal, daß Dinge, die die meisten Leute wegwerfen, durchaus noch zu etwas nütze sein können.

Man benötigt dazu

- ausgeblasene Eier
- Fingerfarbe
- Pinsel
- Eierkartons
- Wolle/Garn
- Schere
- Klebstoff
- Zündhölzchen
- Zweige, selbstgebastelte Kartonwolken oder Rundhölzchen zum Aufhängen

Und so wird's gemacht

Die ausgeblasenen Eier werden nach Belieben mit bunten Fingerfarben angemalt (für feinere Muster nimmt man einen Pinsel) und dann zum Trocknen beiseite gestellt. Damit die Farbe nicht verwischt, steckt man die Eier auf Schaschlikspieße oder andere lange Holzstäbchen, die man wiederum in ein Gefäß mit feuchtem Sand steckt, damit sie nicht umfallen.

Während die Farben trocknen, schneidet man vom Eierkarton die »Hütchen« ab (die Vertiefungen, in denen die Eier sitzen) und malt auch sie bunt an.

Nachdem Eier und Körbchen getrocknet sind, schneidet man für jeden Ballon 4 gleich lange Woll- oder Garnstücke zu (je etwa 15 Zentimeter). Diese Fäden klebt man nun in gleichmäßigen Abständen einmal am oberen Ende des Eis und einmal am Rand des Körbchens fest.

Ein weiterer, beliebig langer Faden wird um ein halbes Zündhölzchen geknotet und mit Klebstoff fixiert. Das Zündhölzchen schiebt man vorsichtig in das obere Loch des Eis. Im Ei-Innern stellt es sich nun quer und bildet die Aufhängung des Ballons.

An diesem Faden können die Eier-Fesselballons an Zweigen, selbstgestalteten Wolken oder einfach nur an kleinen Rundhölzchen aufgehängt und so zu einem Mobile arrangiert werden.

Christa Alt

Spazierengehn

Sonne malt das Wetter schön,
trallali, trallala.
Kommt, wir wolln spazierengehn,
trallalalala.

Auf dem Baum dort im Geäst,
eieili, eieila,
steckt ein kleines Vogelnest,
trallalalala.

Frösche sitzen an dem Teich,
quakeli, quakela,
hörn uns und verschwinden gleich,
trallalalala.

Wer versteckt sich in dem Gras?
Hoppeli, hoppela,
Häschen mit der Schnuppernas',
trallalalala.

Schaut, es gibt so viel zu sehn,
trallali, trallala,
kommt, wir wolln spazierengehn,
trallalalala.

Margot Weiß

Hasendeckchen

Diese Hasendeckchen sind ein hübscher Tischschmuck zu Ostern. Ein Kind kann zum Beispiel für jedes Familienmitglied ein Deckchen anfertigen und alle damit beim Frühstück am Ostersonntag überraschen.

Man benötigt dazu

– weißes Zeichenpapier
– Schablone mit einem Hasenmotiv
– Bleistift
– Schere
– Buntstifte oder Filzstifte

Und so wird's gemacht

Das rechteckige Zeichenpapier wird zu einem Quadrat zurechtgeschnitten. Dann faltet man das Quadrat durch die Diagonale zu einem Dreieck (1.).

1.

Dieses Dreieck wird nun nochmals gefaltet, und zwar durch die Mittelachse zu einem halb so großen Dreieck (2.).

2.

An die Oberkante des kleinen Dreiecks (3.) legt man dann die Schablone mit dem Hasenmotiv und überträgt die Umrisse mit Bleistift auf die Faltarbeit. Den Hasen sollte man dabei nicht über die volle Breite einzeichnen, sondern noch Platz für ein paar Grasbüschel lassen.

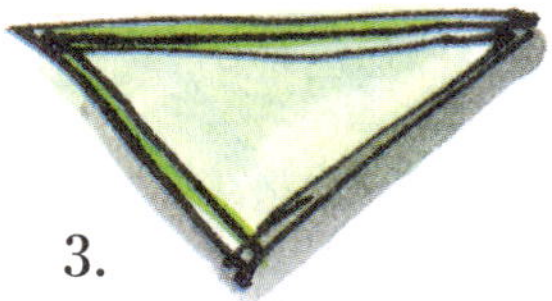

3.

Mit der Schere schneidet man nun den Hasen und das Gras aus (4.). Außerdem kann man in den gefalteten Mittelteil des Deckchens noch kleine Schlitze schneiden. Zum Schluß wird das Deckchen auseinandergefaltet, angemalt (die Schnurrhaare des Hasen nicht vergessen), und fertig ist der Tischschmuck zum Osterfest.

4.

Marina Schwintowski

Eier färben

Ohne farbige Eier kann man sich eigentlich kein Osterfest vorstellen. Doch wie man Eier mit fertigen Farben aus der Drogerie färbt oder mit Buntstiften, Filzschreibern und Wasserfarben bemalt, braucht auch nicht besonders erklärt zu werden. Was wir hier zeigen wollen, sind zwei etwas ungewöhnlichere Färbetechniken, die aber schöne Ergebnisse liefern und auch bei kleinen Kindern für Erfolgserlebnisse sorgen.

Kreppapiertechnik

Man benötigt dazu

- buntes Kreppapier
- gekochte oder ausgeblasene Eier
- 1 Schüssel mit lauwarmem Wasser
- 1 sauberes altes Tuch (Lappen)

Und so wird's gemacht

Man schneidet das Kreppapier, nach Farben getrennt, in kleine Streifen. Dann nimmt man ein Ei und reibt es mit dem in der Schüssel naßgemachten Tuch vorsichtig ein.

Über das feuchte Ei zieht man jetzt die Kreppapierstreifen. Je länger das Papier auf dem Ei bleibt, desto intensiver wird die Farbe. Einen blasseren Effekt erzielt man, wenn man die Kreppapierstreifen ins Wasser taucht. Die Eier sehen aus wie mit Aquarell gemalt.

Kleistertechnik

Man benötigt dazu

- gekochte oder ausgeblasene Eier
- angerührten Tapetenkleister
- Finger- oder Wasserfarbe
- eventuell Pinsel und Strohhalm

Und so wird's gemacht

Das Ei wird in den Kleister getaucht. Danach läßt man Finger- oder Wasserfarbe darüberlaufen. So erhält das Ei ein wunderschönes marmoriertes Aussehen.

Man kann die Farbe auch mit einem Pinsel auf das eingekleisterte Ei tupfen, oder man verbläst mit einem Strohhalm dicke Farbtupfen auf dem Ei.

Beate Wagner

Osternester

Diese süßen Nester kann man essen. Die Zutatenmenge reicht für 25 Stück, also für eine ganze österliche Kinderparty oder auch als Überraschung für eine Kindergartengruppe.

Zutaten für 25 Nester

- 750 g Mehl
- 60 g Hefe
- 3/8 l lauwarme Milch
- 75 g Butter
- 1 Ei
- 1 Eiweiß
- 1 Prise Salz
- 75 g Zucker
- Fett für das Blech
- 1 Eigelb zum Bestreichen
- 25 hartgekochte Eier

Und so wird's gemacht

Etwa die Hälfte des Mehls in eine Schüssel sieben und eine Mulde hineindrücken. Die Hefe darüberbröseln und mit der Milch zu einem Vorteig verrühren. Den Vorteig zugedeckt etwa 15 Minuten gehen lassen.
Die Butter in einem Topf zerlassen. Das Ei, das Eiweiß, das Salz und den Zucker hinzugeben und mit dem restlichen Mehl zu einem trockenen Hefeteig verarbeiten. Diesen Teig dann nochmals 15 Minuten gehen lassen.
Den Teig in etwa 50 Gramm schwere Stücke teilen und diese Stücke mit bemehlten Händen zunächst zu Kugeln formen. Aus den Kugeln dann etwa 50 Zentimeter lange Stränge rollen, zu Spiralen drehen, die Spiralen zu einem Kreis legen und durch eine Schlinge verschließen.
Die Nester auf ein eingefettetes Backblech legen, mit dem verquirlten Eigelb bestreichen und jeweils ein Ei in die Mitte setzen. Auf dem Blech nochmals 10 Minuten gehen lassen. Dann auf der mittleren Schiene im auf 210° C vorgeheizten Backofen von unten 15 bis 20 Minuten backen.

Übrigens

Damit die Osternester etwas farbenfroher aussehen, kann man die Eier nach dem Backen mit Buntstiften bemalen.

Mara Jung

Nougateier

Zur Osterzeit bietet es sich an, die Eier, die man zum Backen und Kochen braucht, nicht aufzuschlagen, sondern auszublasen, um die Schalen dann anderweitig zu verwenden, sei es nun zur Osterdekoration oder, wie in diesem Falle, zur Nougateier-Herstellung.
Wenn man das Ei ausgeblasen hat, muß man es mit lauwarmem Wasser gut ausspülen und zum Trocknen in die Eierschachteln zurückstellen!
Hat man die gewünschte Anzahl an Eiern gesammelt, kann mit der Herstellung der Nougateier begonnen werden.

Man benötigt für ein Ei

– 40 g Kuvertüre
– 80 g Mandel- oder Nußnougat

Und so wird's gemacht

Die Kuvertüre und den Nougat im Wasserbad auflösen. Einen kleinen Teil davon in ein kleines Schüsselchen geben und die Eischalen mit der unteren Öffnung eintauchen, wieder in die Eierschachtel setzen und trocknen lassen.
Nun mit einem Spritzbeutel die Eier mit der Nougatmasse von oben durch das noch offene Löchlein füllen. Kalt stellen – am besten einen Tag in den Kühlschrank – und aushärten lassen. Danach die Eischale vorsichtig entfernen. Schon sind die Nougateier fertig. Wer möchte, kann diese Eier noch kunstvoll mit Zuckerguß österlich verzieren.

Mara Jung

Übrigens

Eier ausblasen ist kinderleicht, wenn man dabei einen kleinen Trick beachtet. Am besten geht man folgendermaßen vor:
Man sticht mit dem Eierstecher (Eierpick) vorsichtig einige Löchlein dicht nebeneinander in die Mitte der Unterseite des Eis und erweitert die Stelle mit Hilfe einer Strick- oder Stopfnadel zu einem größeren Loch.
Am oberen Ende des Eis, möglichst direkt gegenüber dem ersten Loch, macht man auf die gleiche Weise ein zweites.
Und jetzt kommt der Trick: Bevor man mit dem Ausblasen beginnt, sticht man mit einer Stricknadel oder einem Schaschlikspieß tief ins Ei hinein, um die Dotterhaut zu zerstören. Nun geht es ganz leicht mit dem Ausblasen.

Maikäfer aus Hefeteig

Diese Maikäfer sind einfach köstlich! Sie bekommen eine Füllung aus Schokoladenpudding und eine feine Schokoglasur; damit finden sie bestimmt nicht nur bei den Kindern begeisterte Abnehmer ...

Zutaten für ca. 15 Käfer

– 500 g Mehl
– 1 Päckchen Hefe
– 1/4 l lauwarme Milch
– 80 g Margarine
– 100 g Zucker
– 1 Teelöffel Salz
– Fett für das Blech
– Schokoladenglasur
– Rosinen
– Schokoladenpudding

Und so wird's gemacht

Die Hälfte des Mehls in eine Schüssel sieben, die Hefe darüberbröseln und die Milch dazugießen. Alles gut zu einem Vorteig vermischen und dann zugedeckt etwa 15 Minuten gehen lassen.
Die Margarine schmelzen, mit dem Zucker und dem Salz zum Vorteig geben, das restliche Mehl darübersieben und alles zu einem Hefeteig verkneten. Den Teig dann weitere 15 Minuten gehen lassen.
Anschließend aus dem Teig etwa handgroße, ovale Käferkörper formen, auf ein gefettetes Backblech setzen und im vorgeheizten Backofen bei 200° C auf der mittleren Schiene etwa 15 Minuten lang backen.
Nach dem Erkalten den »Kopfteil« der Käfer mit Schokoladenglasur bestreichen und als Augen je 2 Rosinen aufsetzen.
Dann die Käfer quer durchschneiden und die untere Hälfte mit Schokoladenpudding füllen. Damit die Käfer auch Flügel bekommen, wird die obere Hälfte von hinten in der Mitte eingeschnitten, und die beiden »Flügel« werden etwas auseinandergeschoben.

Übrigens

Nach dem gleichen Rezept kann man auch Marienkäfer herstellen. Statt der Schokoladenglasur bekommen die Käfer eine mit Rote-Bete-Saft gefärbte Zuckerglasur, verziert mit Schokoladenglasurpunkten, und als Füllung kann man hier Vanillepudding verwenden.

Uta Teuber

Sommer

Die meisten Kinder können jeder Jahreszeit ihre positiven Seiten abgewinnen – aber der Sommer ist weithin doch am beliebtesten. Kein Wunder, die Natur lädt dazu ein, sich die ganze Zeit im Freien aufzuhalten, die Tage sind lang, und vor allem: Sommerzeit ist Ferienzeit! Unter diesem Motto stehen auch die wieder bunt gemischten Beiträge im folgenden Kapitel. Neben vielen anderen Anregungen ist hier ein Stück fürs Kaspertheater zu finden sowie die Anleitung, wie man eine spezielle Kinderolympiade durchführt.

Luminella Sonnenkönigin

Refrain
Luminella Sonnenkönigin hat wieder
viel zu tun,
denn des Sommers warme
Sonnenzeit
läßt sie nur selten ruhn.

1.
Von ersten Strahlen aufgeweckt,
kräht bald der erste Hahn,
sogleich erwacht das ganze Land
und fängt zu leben an.
Refrain: Luminella...

2.
Am Tage scheint sie kräftig
auf so manchen Sonnenhut
und röstet weiße Bäuche
in der heißen Mittagsglut.
Refrain: Luminella...

3.
Das Schwimmbad und der Baggersee
sind wieder sehr beliebt;
man badet frei in der Natur,
weil es nichts Schön'res gibt.
Refrain: Luminella...

4.
Doch eines mag die Hitze nicht,
es ist dein Bällchen Eis,
drum schleck es schnell, sonst läuft es weg,
ihm ist es viel zu heiß!
Refrain: Luminella...

Judith Rosch

Im Sommer wird viel musiziert

Im Feld und auch im Waldgebiet,
da singen sie das Sommerlied.

Die Finken, die Frau Nachtigall
und Drosseln hört man überall.

Die Lerche singt und trällert hell,
der Grünspecht ist ihr Chorgesell'.

Der Kuckuck ruft nun immerzu.
Die Tauben machen laut »Gu-ru«.

Der Star ist dabei der Tenor
und auch der Chef vom Vogelchor.

Das schmettert, pfeift und jubiliert.
Im Sommer wird viel musiziert.

Hans-Joachim Ludwig

Schnirkelschnecken

Sieben kecke
Schnirkelschnecken
saßen einst auf einem
Stecken,
machten dort auf ihrem Sitze
kecke
Schnirkelschneckenwitze,
lachten alle: Ho, ho, ho!

Doch vom vielen
Ho-ho-Lachen,
Schnirkelschneckenwitze machen,
fielen sie von ihrem Stecken,
alle sieben
Schnirkelschnecken.

Christiane Lindner

Die Blume Floralia

Die Geschichte von der Blume Floralia eignet sich ebenso wie die Geschichte vom Zwiebelchen im Frühlingskapitel zum einfachen Vorlesen oder zur Gestaltung einer kleinen Meditation. Auf Seite 20/21 ist erklärt, wie man eine Meditation durchführen kann. Ähnlich wie beim »Zwiebelchen« lassen sich die Gefühle der Blume Floralia gut darstellen.

Und so geht die Geschichte

Ich erzähle euch die Geschichte von der Blume Floralia, die auf einer hellen Sommerwiese mit vielen anderen Blumen steht. Jeden Morgen, wie auch an diesem, wird Floralia von tausend Tautropfen geweckt. Langsam rinnen die Tautropfen über ihre Blätter, und manche werden von den ersten Sonnenstrahlen aufgeleckt.

Floralia öffnet leise ihre Blätter und reckt sich der Sonne entgegen. Sie freut sich auf den Tag und was er ihr alles bringen mag. Rund um sie beginnt die Welt zu erwachen. Auch die anderen Blumen, die auf der Wiese stehen, recken ihre Blütenköpfchen zur Sonne. Ein leichter Wind geht über die Wiese, und alles kommt schweigend in Bewegung.
Floralia hört ein leises Summen. Huch, was war denn das? Das kennt sie doch schon! Eine kleine Biene hat sich auf ihren Blütenkelch gesetzt und trinkt von ihrem Nektar. Schon ist die Biene wieder weg. Bleib doch noch da!
Dann ist es wieder still um sie. Sie spürt die Sonne, wie sie allmählich wärmer wird, und nimmt sie voll mit ihren Blütenblättern auf. Sie streckt und reckt sich und fühlt sich wohl. Langsam wird es um sie herum lebendiger. Bienen summen, Schmetterlinge fliegen beschwingt und spielerisch über die Wiese, Käfer krabbeln zwischen den Gräsern und Blumen. Eine farbenfrohe Welt ist erwacht. Floralia erfreut sich an allem, was sie sieht. Sehr schnell vergeht die Zeit.
Von weitem hört sie Kichern und Lachen. Es ist ihr wohlbekannt, denn schon oft waren Kinder zum Spielen auf ihre Wiese gekommen. Und wie auch die Male davor wird sie immer aufgeregter. Sie freut sich an dem lustigen Treiben, und gleichzeitig wird sie von einer Angst erfüllt – ob eines der Kinder sie pflückt, aus der haltgebenden Erde reißt?
Doch wäre es nicht auch schön, mit den Kindern mitlaufen zu können, an ihrem Treiben teilzuhaben? Das stellt Floralia sich herrlich vor. Die Kin-

der kommen näher, sie lachen und springen. Ihre wehenden Röcke bringen Bewegung in das Gras und die Blumen. Sie rollen sich durch die Wiese und haben einen mächtigen Spaß. Wie froh sie sind! Floralia freut sich mit ihnen. Sie folgt dem Lachen und Treiben der Kinder.
Ganz plötzlich steht ein großer Fuß neben ihr. Was jetzt? Sieht das Kind mich? Bitte, tritt nicht auf mich!
Das Kind beugt sich hinunter und betrachtet mit großen Augen Floralia. »Kommt mal alle her, ich habe die schönste Blume gefunden. Schaut mal, welch leuchtende Farben sie hat. Das ist bestimmt eine Wunderblume.«
Um Floralia wird es dunkel. Fünf Kinder stehen bewundernd um sie herum und werfen einen großen Schatten auf sie. Floralia ist stolz und reckt sich den Kindern entgegen. Ein Mädchen: »Die möchte ich mit nach Hause nehmen!« – »Nein, ich habe sie entdeckt, ich möchte sie haben.« – »Ach, was redet ihr denn, laßt sie doch stehen, sonst verwelkt sie doch bloß!«
Ein anderes Kind: » He, was macht ihr denn da so lange? Kommt mal, ich habe etwas entdeckt.« Plötzlich wird es wieder ganz hell um Floralia, und die Kinder hüpfen davon. Noch einige Zeit hört sie das Treiben, und langsam verklingen die Stimmen der Kinder. Ein wenig ist sie traurig, denn das bunte Treiben ließ ihr kleines Herzchen höher schlagen. Gerne wäre sie mit den Kindern davongesprungen.
Die Sonne steht jetzt ganz hoch am Himmel und wärmt Floralia mit all ihrer Kraft. Sie spürt, wie die Wärme sie allmählich müde macht, und sie träumt so vor sich hin. Floralia sieht die Wolken am Himmel, und alle Gedanken ziehen mit ihnen fort. Es ist ruhig um sie, und sie fühlt sich wohl und warm. Die Wärme tut ihr gut. Sie spürt den Boden an ihren Wurzeln und geht gelassen ihren Gedanken nach. Sie fühlt sich ruhig, warm, schwer und geborgen auf dieser herrlichen Wiese.
Der Tag nimmt langsam seinen Ausklang. Die Sonne wärmt nur noch ganz bescheiden. Das Summen und Schwirren der Tiere verklingt. Langsam schließt auch Floralia ihre Blütenblätter. Sie spürt ihre Wurzeln fest in der Erde. Sie fühlt sich sicher und geborgen. Die Nacht deckt sie zu. Der Tau legt sich zart auf ihre Blätter und Stengel.

Inge Vollmar

Der freche Spatz

Ein Spatz auf einem Aste saß,
tschilp, tschilp.
Da fiel ein Kern ins grüne Gras,
tschilp, tschilp.

»Der Kern ist mein, der Kern ist mein!
Ich muß der erste sein,
tschilp, tschilp.«

Der Spatz flog zu dem Kern,
tschilp, tschilp.
»Ich picke Kerne gern,
tschilp, tschilp.

Ihr andern Vögel auch?
Ätsch, ätsch, er ist in meinem Bauch,
tschilp, tschilp.«

Margot Weiß

Sommerrätsel

Ich sah einmal ein Haus,
da schaute ein Tier mit Hörnern raus!
Dann kroch es aus der Tür
und kam gleich mit dem Haus zu mir!
(Schnecke)

Wer hat wohl Angst vor Katzen
und fürchtet ihre Tatzen?
Kriecht blitzschnell in ein Loch,
gefangen wird sie doch.
(Maus)

Es geht ein Mann im Grase,
hat eine lange Nase,
hat rote Stiefel an
und dreht sich wie ein Edelmann.
(Storch)

Margot Weiß

Spaziergang an einem Sommertag

Ein Erzähler/eine Erzählerin trägt die Geschichte vor und begleitet die Erzählung mit einem Triangel und einer Handtrommel. Wer solche Instrumente nicht hat, kann sich mit Haushaltsgegenständen behelfen: Der Triangel beispielsweise läßt sich durch ein stabiles Glas, das man mit einem Löffel anschlägt, ersetzen, die Handtrommel durch eine große, leere Waschmitteltrommel usw.

Die Kinder bewegen sich entsprechend des Textes. Sie sollen Spaß an der Umsetzung des Vorgegebenen haben, man sollte sie jedoch auch eigene Spielideen entwickeln und verwirklichen lassen.

Man benötigt dazu

– Triangel
– Handtrommel

Und so geht die Geschichte

Es ist ein schöner, warmer Sommertag. Die Kinder sind fröhlich und wollen einen Spaziergang machen. (1)
Sie gehen über eine Blumenwiese, an weidenden Kühen vorbei und müssen sogar über einen kleinen Bach springen. (2)
Plötzlich kommt Wind auf, und alle Kinder lassen sich vom Wind über die Wiese treiben. (3)
Nach einer Weile läßt der Wind wieder nach, und sie können langsam weitergehen. Doch wieder kommt Wind auf, jedoch viel stärker als zuvor, und die Kinder hüpfen mit dem Wind. (4)
Vor die Sonne am Himmel schiebt sich plötzlich eine dunkle Regenwolke. (5)
Langsam fallen aus den Wolken dicke Regentropfen. Der Regen wird stärker, schließlich gießt es in Strömen. (6)
Die Kinder suchen Schutz unter einem Baum und müssen ganz dicht zusammenrücken. (7)
Nach einer Weile hört es auf zu regnen, und die Kinder entdecken eine Pfütze, die sooo... groß ist. (8)
Sie können sich in der Pfütze sehen, können um die Pfütze herumgehen, ganz vorsichtig mit der Fußspitze hineintippen; mit den Händen reinklatschen usw. (9) + (10)
Die ersten Sonnenstrahlen blinzeln schon wieder hinter den Wolken hervor, und gemeinsam machen sich die Kinder auf den Heimweg. (11) + (12)
Unterwegs sehen sie noch einige Pferde und Kühe, eine Katze, die Mäuse fängt, und einen Hund, der den fliegenden Vögeln nachjagt. (13)
Müde und hungrig kommen sie zu Hause an. Es war ein schöner Tag. (14)

Umsetzung der Geschichte

(1) Die Kinder gehen durch den Raum, ohne anzustoßen. Der Erzähler/die Erzählerin spielt leise Triangel.
(2) Die Kinder bleiben auf der Stelle stehen und springen mit beiden Füßen zugleich.
(3) Mit der Hand über die Trommel streichen. Die Kinder lassen sich mit ausgebreiteten Armen »treiben«.

(4) Die Trommel wird etwas lauter. Die Kinder hüpfen umher.
(5) Trommel schlagen, immer lauter werden.
(6) Die Kinder trommeln mit den Fingern immer lauter werdend auf den Boden.
(7) Kinder und Erzähler/Erzählerin setzen sich ganz dicht nebeneinander auf den Boden.
(8) Die Kinder zeigen mit den Händen die Größe.
(9) Alle Kinder machen mit, die Erzählerin/der Erzähler macht es vor.
(10) Eigene Spielideen können nun mit eingebracht werden.
(11) Triangel leise schlagen.
(12) Die Kinder gehen durch den Raum.
(13) Die Kinder ahmen die einzelnen Tiere nach.
(14) Alle gehen zum Ausgangspunkt des Spazierganges zurück oder jedes Kind sucht sich ein »Haus«.

Übrigens

Durch Spielideen der Kinder kann der Ablauf verändert oder erweitert werden. Auch ist es möglich, mehrere Instrumente oder verschiedene Materialien hinzuzunehmen.

Uta Teuber

Wir fangen den Sommerduft ein

Fast alle Kinder lieben den Sommer. Sie erleben und genießen ihn mit allen Sinnen. Auf ihrer Haut spüren sie die Sonnenwärme, sie sehen das satte Grün und die leuchtenden Farben in den Gärten und Parks, sie hören Vögel in den Bäumen und das fröhliche Geschrei im Schwimmbad, sie schmecken das kühle Eis und die Wassermelonen, und sie riechen die prallen Düfte, die der Sommer durch Blumen und Obst mit sich bringt. Wenn er schließlich zu Ende geht, verabschieden sich die Kinder nur ungern von ihm – schenkt er ihnen doch viele zusätzliche Freuden und Freiheiten. Da liegt es nahe, zusammen mit den Kindern ein Stückchen vom Sommer zu bewahren, einen Hauch von ihm in Herbst und Winter hinüberzuretten. Und wie fängt man nun den Sommerduft ein? Es geht dabei um eine Beschäftigung, die sich über Tage, ja sogar über Wochen hinziehen kann. Zum Anfang überlegt man gemeinsam, welche Gerüche und Düfte man mit dem Sommer verbindet. Sicher wird jedem Kind dazu einiges einfallen. Dann bestimmt man einen warmen, trockenen Ort, an dem die Schätze, die die Kinder sammeln werden, getrocknet werden können. Außerdem benötigt man eine große, gut schließende Dose, in der das getrocknete Material aufbewahrt wird. Nun kann das große Sammeln beginnen: abgefallene Rosenblätter, Gänseblümchen, Ringelblumen, Lavendel, Jasmin, Zitronenschalen, frisch gemähtes Gras, würzige Kräuter aus dem Garten und Wildkräuter aller Art aus der Natur. Alle frisch gesammelten Materialien werden einzeln ausgebreitet und gut getrocknet, bevor sie in die Sammeldose kommen, damit sie später nicht schimmeln. Wenn der Sommerduftvorrat schließlich groß genug ist, kann man ihn für wunderbare Geschenke weiterverarbeiten. Sehr beliebt sind beispielsweise Duftsäckchen, die man in den Kleiderschrank hängen kann.

Duftsäckchen

Man benötigt dazu

- Tüllvorhangreste
- Wasserfarben
- Duftmischung
- Kordel, Geschenkband

Und so wird's gemacht

Aus dem Tüllvorhangrest schneidet man einen Kreis von etwa 30 Zentimeter Durchmesser aus und malt den Stoff mit Wasserfarben zart an (Achtung: für eine Zeitungspapierunterlage sorgen!). Nachdem die Farbe getrocknet ist, gibt man eine Handvoll Duftmischung in die Mitte des Tüllkreises, nimmt den Stoff zusammen und bindet ihn wie ein kleines Säckchen zu. Nun wird das Ganze noch mit einem passenden Geschenkband verziert und einem langen Band zum Aufhängen versehen, damit sich der Duft auch frei entfalten kann.

Übrigens

Wenn der natürliche Duft nachgelassen hat, kann man das Duftsäckchen »reaktivieren«, indem man ein paar Tropfen ätherisches Öl daraufgibt.

Dufttüte

Größere Kinder können den Sommerduft in einer selbstgemachten Tüte verschenken.
Wie man eine solche Tüte herstellt, ist im Kapitel »Winter« auf Seite 166/167 beschrieben.

Übrigens

Der Sommerduft ist nicht der einzige Duft, der sich gut einfangen läßt. Auf ähnliche Weise kann man zum Beispiel auch den Weihnachtsduft einfangen. Dazu verwendet man unter anderem Zimtstangen, leergekratzte Vanilleschoten, getrocknete Orangen- und Apfelschalen, Gewürznelken, Tannen- und Fichtennadeln.

Christiane Iffland

Schmetterlings Sommerreise

Dies ist ein fröhliches Fingerspiel, bei dem mehrere Kinder mitspielen können. Die Spielleiterin/der Spielleiter trägt das Gedicht langsam vor, und die Kinder bewegen sich entsprechend dazu.

Und so geht das Gedicht

Schmetterling, der fliegt nach oben,
fühlt sich herrlich hochgehoben,
schwebt vor Freude hin und her,
links und rechts und kreuz und quer.
Fliegt um deinen Kopf herum.
Leise singt er »summ, summ, summ«.
Dreh dich, dreh dich nun im Kreise,
sing dabei »summ, summ« ganz leise.
Schmetterling, zum guten Schluß
geb' ich dir schnell einen Kuß!

Und so wird gespielt

Die Kinder stehen im Kreis, das Gesicht dem Mittelpunkt zugewandt. Sie winkeln ihre Arme an, so daß sich ihre Hände in Hüfthöhe befinden. Dabei zeigt der Handrücken nach oben. Dann werden die Hände aufeinander zubewegt, bis die beiden Daumen über Kreuz liegen. Die übrigen Finger jeder Hand stellen die Flügel des Schmetterlings dar und bewegen sich während des ganzen Spiels entsprechend. Bei den Worten »Dreh dich, dreh dich ...« dreht sich jedes Kind um die eigene Achse. Zum Schluß führen die Kinder ihre Hände kurz zum Mund, einen Kuß andeutend.

Variation

Nur ein Kind stellt den Schmetterling dar und läuft leicht und beschwingt im Kreis herum. Am Schluß des Reimes gibt es dem Kind seiner Wahl einen Kuß auf die Wange, wodurch dieses nun zum Schmetterling wird.

Hans-Joachim Ludwig

Bunter Sonnenschild

Wenn die Sonne grell vom Himmel scheint, ist man über einen Sonnenschild, der die Augen schont, immer froh.

Man benötigt dazu

- Pergament- oder Seidenpapier
- Bleistift, Schere
- farbiges Tonpapier oder Fotokarton
- Locher, Gummifaden
- bunte Papierreste
- Klebstoff, Filzstifte

Und so wird's gemacht

Das Pergament- oder Seidenpapier auf die Vorlage (oben) legen und die Umrisse mit Bleistift durchpausen, eventuell proportional auf allen Seiten vergrößern, dann ausschneiden. Das Ton-papier oder den Fotokarton durch die Mitte falten und das durchgepauste Schnittmuster so anlegen, daß die gerade Mittellinie am Knick liegt. Die Umrisse auf das Tonpapier zeichnen, das Schnittmuster abnehmen, die Umrisse ausschneiden und den Sonnenschild auffalten. An jedes Ende des Schilds stanzt man mit dem Locher ein Loch. Man mißt den Gummifaden passend zum Kopfumfang ab, schneidet ihn ab und verknotet ihn in den ausgestanzten Löchern.

Zum Schluß wird der Schild mit bunten Papierschnipseln fantasievoll beklebt oder mit Filzstiften bunt bemalt.

Uta Teuber

Groß und klein

Hierbei handelt es sich um ein Brettspiel, das man selbst herstellen kann. Teilnehmen können 2 bis 4 Kinder ab etwa 3 Jahren.
Die Spielidee ist, daß alle Lebewesen klein auf die Welt kommen, wachsen und erwachsen werden. Das Baby wird zum erwachsenen Menschen, das Kälbchen wird zur Kuh ... Anhand des Spiels lernt die Kinder ganz leicht, wie groß und klein zu unterscheiden sind.

2.

Spielherstellung

Man benötigt dazu

- festen Karton und Pappe
- Schere
- Lineal
- Bleistift
- Buntstifte
- Musterklammer

1.

Und so wird's gemacht

Aus festem Karton oder Pappe wird ein Kreis von mindestens 25 Zentimeter Durchmesser ausgeschnitten und mit Hilfe von Lineal und Bleistift in 8 Felder unterteilt.
Die Felder werden dann in unterschiedlicher Reihenfolge mit 4 Figurenpaaren bemalt, zum Beispiel ein Kind, ein Erwachsener, ein kleiner Vogel, ein großer Vogel, ein Kätzchen und eine große Katze, eine kleine und eine große Blume – es können natürlich auch ganz andere Figurenpaare sein (1.).
Die gleichen Figurenpaare werden in gleicher Größe auf zuvor zurechtgeschnittene Pappkarten gemalt, und zwar ein identischer Kartensatz von 8 Karten für jeden Mitspieler (2.).
Nun schneidet man noch einen Pappepfeil aus und befestigt ihn locker mit einer Musterklammer in der Mitte des Spielkreises. Der Pappepfeil sollte sich frei drehen können.

Und so wird gespielt

Der Spielkreis liegt in der Mitte des Tisches, und jedes Kind erhält einen kompletten Satz Karten. Dann wird der Pfeil gedreht. Bleibt er auf einem Feld stehen, müssen alle Kinder ihre Karten durchsehen. Wer zuerst die richtige Karte gefunden hat, darf seine Figur zur entsprechenden auf dem Spielkreis legen. Bleibt der Zeiger ein zweites Mal auf dem besetzten Feld stehen, muß noch einmal gedreht werden.
Das Spiel ist beendet, wenn alle Karten besetzt sind; gewonnen hat derjenige, der am wenigsten Karten übrighat.

Uta Teuber

Auf der Wiese

Bei diesem Spiel sollte man ein paar Trommeln oder als Trommeln zu verwendende Haushaltsgegenstände dabeihaben.

Und so wird gespielt

Die Kinder sitzen im Kreis auf dem Boden. Einige Kinder ahmen mit Hilfe der Trommeln an der entsprechenden Stelle im folgenden Vers den Wind nach:

Der Wind, der Wind, er säuselt so lind,
durch Blumen, Gräser und Halm.
Ein Gast, ein Gast im Wiesenpalast;
der kehrt nun bei uns ein.
Ei sag, wer wird es sein?

Während die Kinder den Vers sprechen, wiegen sie sich wie Grashalme und Blumen im Wind hin und her.
Wenn es heißt: »Ein Gast, ein Gast ...« tritt eines der Kinder in die Mitte und versucht, ein Tier auf der Wiese nachzuahmen.
Die anderen Kinder müssen nun erraten, welches Tier dargestellt wird, zum Beispiel Käfer, Grille, Biene, Schmetterling, Maulwurf, Schnecke, Maus ... Wenn jedes Kind einen Gast dargestellt hat, ist das Spiel aus.

Christa Alt

Schwimmfiguren

Im Sommer spielt man gern am Wasser, und dazu braucht man natürlich selbstgebastelte Schwimmtiere und Milchtütendampfer!

Schwimmtiere/-schiffe

Man benötigt dazu
- Tonpapier
- Filzstifte
- Schere
- Korken
- Klebstoff
- Zahnstocher

Und so wird's gemacht
Auf Tonpapier werden Figuren wie Enten, Fische, Wale, Segelboote usw. gemalt und jeweils doppelt ausgeschnitten.
Dann klebt man 2 Korken längs zusammen, wobei man einen Zahnstocher in der Mitte mit einklebt. Um diesen Zahnstocher klebt man nun die beiden gleichen Figuren so, daß der Zahnstocher in der Mitte steckt.

Milchtütendampfer

Man benötigt dazu
- 1 leere Milchtüte
- Schere
- kleine Schachteln
- Wasserfarben
- Toilettenpapierrolle
- Klebstoff
- Watte

Und so wird's gemacht
Aus der Milchtüte wird ein Seitenteil herausgeschnitten; der Rest der Tüte wird so zum Schiffsrumpf. Die kleinen Schachteln bemalt man bunt mit Wasserfarben, ebenso die Toilettenpapierrolle, dann gestaltet man daraus die Decksaufbauten und den Schornstein. Alles wird im Schiffsrumpf festgeklebt. Damit der Schornstein auch raucht, klebt man oben etwas Watte hinein.

Uta Teuber

Bunter Wunschobstkuchen

Bei diesem Kuchen darf sich jeder, der mitißt, seinen Lieblingsobstbelag aussuchen. Das Rezept ergibt etwa 24 Portionen.

Man benötigt für 1 Blechkuchen

- 375 g Mehl
- 75 g Kartoffelmehl
- 225 g kalte Butter
- 225 g Puderzucker
- 2 Eier
- Alufolie
- Backpapier
- 1500 g unterschiedliches Obst, zum Beispiel Bananen, Erdbeeren, Melonenkugeln, Kiwis, Himbeeren, Brombeeren, Trauben, Pfirsiche
- 300 g Mascarpone
- 2 Becher Zitronenjoghurt
- Zucker nach Geschmack
- 2 Päckchen Tortenguß klar

Und so wird's gemacht

Das Mehl mit dem Kartoffelmehl mischen, die kalten Butterflöckchen, den Puderzucker und die Eier dazugeben und alles schnell zu einem glatten Teig verkneten, der in Folie gewickelt mindestens 1 Stunde im Kühlschrank ruhen sollte.
Ein Backblech mit Backpapier auslegen und den Teig darauf ausrollen.
Mit einer Gabel Löcher in die Teigplatte stechen und den Kuchenboden bei 200° C 20 bis 25 Minuten backen.
Währenddessen das Obst vorbereiten: waschen, schälen und kleinschneiden.
Für den Belag den Mascarpone mit dem Joghurt und Zucker nach Geschmack cremig rühren und auf die abgekühlte Teigplatte streichen.
24 Felder für die verschiedenen Früchte markieren und in jedes Feld eine andere Obstsorte legen, so daß ein buntes »Schachbrett« entsteht.
Den Tortenguß nach Anweisung zubereiten und mit einem Eßlöffel vorsichtig über dem Obst verteilen.

Christiane Lindner

Quarkauflauf mit Früchten

Man benötigt für etwa 15 Portionen

- 500 g rote Johannisbeeren
  oder je 250 g Stachelbeeren
  und rote Johannisbeeren
- 3 Eier
- 150 g Zucker
- 1 kg Quark
- 5 Eßlöffel Grieß
- 1 Teelöffel Backpulver
- 1 unbehandelte Zitrone
- Fett für die Form

Und so wird's gemacht

Die Johannisbeeren waschen, entstielen und abtropfen lassen. Die Eier trennen. Die Eigelbe mit 100 Gramm Zucker schaumig rühren, den Quark, den Grieß, das Backpulver und die abgeriebene Schale der Zitrone darunterrühren.
Die Eiweiße zu Schnee schlagen und vorsichtig unterheben.
Eine feuerfeste Form einfetten, die abgetropften Früchte einfüllen und mit dem restlichen Zucker bestreuen.
Die Quarkmasse auf die Früchte füllen und glattstreichen.
Im auf 190° C vorgeheizten Backofen etwa 1 Stunde backen.

Christiane Lindner

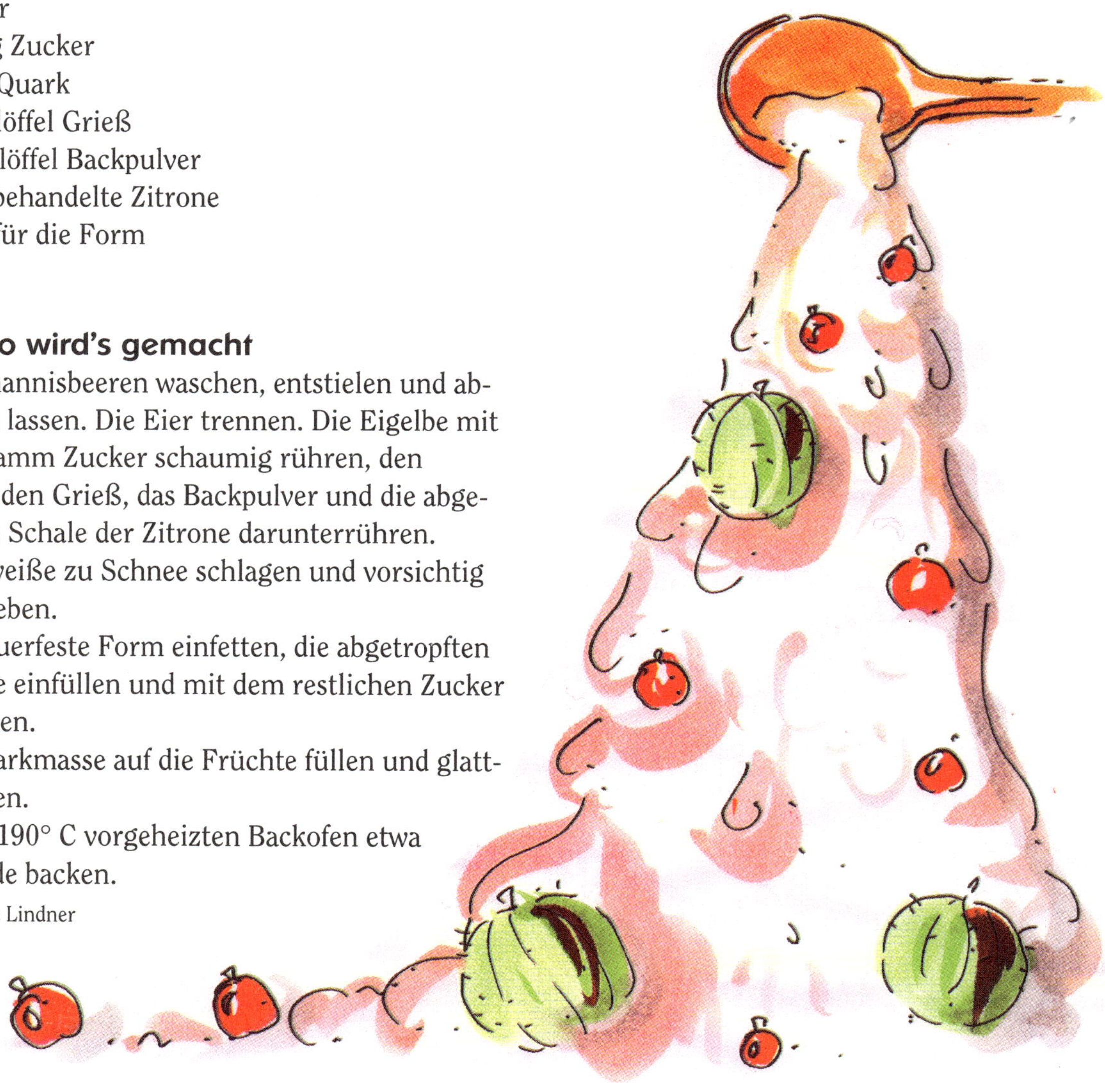

Vanilleeis

Selbstgemachtes Eis schmeckt nicht nur hervorragend, sondern läßt sich auch als Grundlage für allerlei fantasievolle Desserts verwenden, zum Beispiel für den Eispinocchio.

Man benötigt für 10 Portionen

- 10 Eßlöffel Honig
- 5 Eigelb
- 2 1/2 Vanillestangen
- 1 1/4 l Sahne
- 5 Eiweiß

Und so wird's gemacht

Den Honig und die Eigelbe verquirlen, bis eine cremige Masse entsteht.

Die Vanillestangen aufritzen, das Mark auskratzen und zu der Honig-Eigelb-Masse geben.

Die Sahne und die Eiweiße steifschlagen und beides nacheinander vorsichtig unter die Creme heben.

Eine Kastenform, Schüssel oder ähnliches kalt ausspülen, die Masse hineinfüllen und abgedeckt in den Gefrierschrank stellen.

Nach 3 bis 4 Stunden ist das Eis dann zum Verzehr fertig.

Christiane Lindner

Eispinocchio

Man benötigt für 1 Portion

- 1 Scheibe Ananas
- 1 Kugel Vanilleeis
- 1 Waffelröllchen
- 2 Rosinen
- 1 Eistüte

Und so wird's gemacht

Auf einen Teller gibt man die Ananasscheibe, in deren Mitte die Kugel Vanilleeis gesetzt wird. Das Waffelröllchen dient als Nase, die Rosinen als Augen und die Eistüte bildet Pinocchios Hut.

Christiane Lindner

Übrigens

Der Fantasie sind keine Grenzen gesetzt, ähnliche Eismännchen und Eisfrauen, Märchengestalten oder auch lustige Tiere zu kreieren.

Auch ihr müßt mal auf Reisen gehn

Refrain

Auch ihr müßt mal auf Reisen gehn
und euch die ganze Welt ansehn,
nur so entdeckt ihr fernes Land,
die Berge, Wüste, Sand und Strand!

* ritardando = langsamer werden

1.

Als ich in den Bergen war,
überrascht' mich, was ich sah:
gab's da wirklich noch'n paar Kühe,
die mit allergrößter Mühe
etwas Gras vom Felsen kratzten
und dabei sogar noch schmatzten.
Refrain: Auch ihr müßt mal ...

2.

Als ich in dem Schwarzwald war,
glaubt' ich erst nicht, was ich sah,
viele Bäume waren kahl,
ob da wer die Blätter stahl?
Sicher war das Wetter schuld –
oder fehlt dem Wald Geduld?
Refrain: Auch ihr müßt mal ...

3.

Als ich in dem Urwald war,
keine Spur von Tarzan sah,
schwang ich mich von Ast zu Ast,
fühlt' mich wohl als Urwaldgast,
trank mit Affen Bruderschaft,
Kokosmilch und Palmensaft.
Refrain: Auch ihr müßt mal ...

4.

Als ich in der Wüste war,
mit dem Namen Sahara,
nur Kamele, Sand und Hitze,
in der Sonne mußt' ich schwitzen.
Wasser kriegte ich nur dann,
wenn ich 'ne Oase fand.
Refrain: Auch ihr müßt mal ...

5.

Als am Mittelmeer ich war
und den Berg von Menschen sah;
nur Hotels am ganzen Strand,
wenig Wasser – kaum noch Sand –
wurd' mir nur am Wetter klar,
daß ich nicht zu Hause war.
Refrain: Auch ihr müßt mal ...

Judith Rosch

Monis Ferien auf dem Bauernhof

Dies ist eine richtige Flunkergeschichte. Sie hat ein offenes Ende, und jedes Kind kann sie weitererzählen. Am Schluß der Geschichte gibt's ein paar Hinweise auf eine mögliche Fortsetzung und andere Themen für Flunkergeschichten.

Und so geht die Geschichte

Der Zug, mit dem wir auf dem Bauernhof ankamen, hielt in der Scheune. Wir mußten mit unseren Koffern und Taschen plumsdiplums in die Strohballen springen. War gut, echt. Die Kühe trompeteten mit ihren Hörnern ein schönmilchig-lautes Begrüßungslied. Auch gut, oder? Mein Bruder hielt sich die Ohren zu. Ich, die Moni, nicht.

In unseren Betten kuschelten Schafe. Sie waren frisch geschoren, froren und mähähähten ganz zitterig. Mama hielt sich die Nase zu, und Papa schimpfte laut und fuchtelig, aber seinen Pullover wollte er den Schafen auch nicht geben. Ich schon, aber er paßte nicht, und die Schafe wünschten auch nur Pullis aus Synthetikfasern. Schafsmäßig doof, oder?

Wir mußten in der großen Waschmaschine schlafen. War gemütlich. Morgens hat uns der Bauer mit Spülgang/Schleudern geweckt und gleichzeitig gewaschen. Im Badezimmer wurden nämlich gerade die Schweine mit Zahnpasta gefüttert. Als Nachtisch gab's »Blendi«. Ich, die schlaue Moni, hab mir's auf mein Frühstücksbrot geschmiert. Essen und Zähneputzen auf einen

Schlag. Echt gut. Harald (Bruder, groß) hat Milch dazu getrunken und toll rosa aus dem Mund geschäumt. Weil ich rosa so ganz doll mag, konnte ich mich beinah zwei Stunden nicht mit ihm streiten. Seltsam.
Nachmittags flog die Bäuerin mit dem Mähdrescher aufs Feld. Frau Reiter hieß sie übrigens. Nein, nicht der Mähdrescher, die Bäuerin natürlich.
Der Mähdrescher hieß Wilhelm Waldemar Weizenklopfer. Er hat zwei Vornamen, weil er so groß ist und vier Räder an ihm dran sind. Wir durften mitfliegen und Willi zu ihm sagen. Frau Reiter mähdreschte, und Harald und ich sollten die Weizenkörner zählen. Ich kann nur bis sieben, und so war die Arbeit schnell getan.
So, und jetzt mag ich nicht mehr flunkern. Schluß, tschüß, aus! Die letzte Flunkerei verrat' ich euch aber noch. Ist doch gut, oder? Ich kann doch schon bis acht zählen. Äätsch, angeschmiert mit Klopapier!

Peter Schäfer-Oswald

Was es sonst noch zu flunkern gibt

Man könnte die Geschichte fortsetzen, indem man Fragen klärt wie: Warum wollen die Schafe nur Synthetikpullover tragen? Kann auch Harald nur bis sieben zählen?
Außerdem gibt das Thema Ferien noch viel Stoff für andere Flunkergeschichten, zum Beispiel ein Erlebnis im Schwimmbad, die Ereignisse beim Kofferpacken usw.

Sommer-Sonne-Ferien-Gedichte

Schlabber, schlabber, schlürf und schmatz,
Spaghetti essen will mein Schatz.
Klecker, klecker, plitsch und platsch,
die Sauce ist Tomatenmatsch.
Die gibt es auch in Flaschen,
und du,
du mußt dich waschen!

Lomo-Lamo-Limonade
fällt mir auf die Erde, schade.
Opa kauft 'ne neue Flasche,
wenn ich ihm das Auto wasche.
»Wir war'n doch in der Waschanlage«,
ist das, was ich ihm darauf sage.
Er lacht mir in die Ohren:
»Schon gut, ich hab' verloren!«

Die Ferien sind mir viel zu kurz,
drum laß ich einen lauten Furz.
Ob's stinkt, ist mir schnurz!

Peter Schäfer-Oswald

Kofferpacken

Mit diesem Spiel, das man in drei Variationen spielen kann, läßt sich die Vorfreude auf eine Urlaubsreise ganz schön anfeuern!

Man benötigt dazu

- so viele unterschiedliche Gepäckstücke, wie Kinder mitspielen (zum Beispiel einen Koffer, einen Rucksack und einen Korb)
- Gegenstände, die man zum Verreisen einpacken kann, aus den Bereichen Kleidung, Spiele, Körperpflege, Reiseproviant

Wettpacken

Zuerst ordnet der Spielleiter/die Spielleiterin gemeinsam mit den Kindern die Gegenstände, und alle überlegen, welche man zusammen einpacken kann, damit unterwegs alles besser zu finden ist. Dann bilden die Kinder eine Familie: Mutter, Vater, Kind(er), Oma, Opa, Tante, Onkel – je nachdem, wie viele Kinder mitspielen. Jedes Familienmitglied bekommt nun ein Gepäckstück und eine Gruppe der zuvor geordneten Gegenstände (zum Beispiel packt der Vater die Verpflegung, die Mutter die Kleidung und das Kind die Spielsachen ein).
Auf das Kommando: »Auf die Taschen, fertig, los!« packen alle so schnell wie möglich ihre Siebensachen ein. Wer zuerst fertig ist, hat gewonnen. Allerdings müssen der Koffer und der Rucksack noch zugehen, und aus dem Korb darf auch nichts herausfallen!

Kreisspiel

Auch bei dieser Spielvariante werden die einzupackenden Gegenstände zuvor einem bestimmten Gepäckstück zugeordnet. Dann setzen sich alle Kinder im Kreis auf den Boden, in der Mitte liegen die Gepäckstücke und die Gegenstände. Nun nimmt sich jedes Kind einen Gegenstand und packt ihn in ein Gepäckstück. Ist alles – wie abgemacht – richtig eingepackt worden?

Tastspiel

Zum Schluß kann man noch eine Variante mit geschlossenen Augen spielen (Blinzeln gilt nicht!). Die Kinder ertasten die Gegenstände und versuchen zu erraten, was es sein könnte.

Andrea Heck

Hallo, ich bin der Theodor

Refrain

Hallo, ich bin der Theodor,
ein Reisekoffer, stellt euch vor!
Wenn andere in Ferien fahrn,
fängt für mich erst die Arbeit an.

1.

Man packt mich voll bis an den Rand,
mit Schuhen, Strümpfen, allerhand,
noch Jacken, Hosen, Hemden, und
ich fühle mich schon kugelrund.
Refrain: Hallo, ich bin ...

2.

Im Auto ist es nicht sehr schön;
der Kofferraum ist unbequem.
Oft werden Kisten mitverstaut –
die kratzen meine zarte Haut.
Refrain: Hallo, ich bin ...

3.

Viel Spaß macht's mit der Eisenbahn,
da kann ich erster Klasse fahrn!
Entspannt schau' ich zum Fenster raus,
so macht die Arbeit mir nichts aus.
Refrain: Hallo, ich bin ...

4.

Das Fliegen find' ich nicht so toll,
mir ist's im Flugzeug meist zu voll.
Man drückt mich hier und zwickt mich da,
ich mag nicht diese Kofferschar.
Refrain: Hallo, ich bin ...

5.

Und vor der Reise auf dem Meer,
da fürchte ich mich ja so sehr,
wenn dann das Wasser spritzt an mich,
wird meine Haut ganz schrumpelig.
Refrain: Hallo, ich bin ...

Judith Rosch

Kaspers Wunsch nach Ferien

Dieses Stück fürs Kaspertheater birgt viele Möglichkeiten der Nachbereitung gemeinsam mit den Kindern – Gesprächsthemen und verschiedene Aktionsideen. Im Anschluß an den Text sind diese Möglichkeiten genauer dargestellt.

Es spielen mit

- Kasper
- Seppel
- Hexe
- Großmutter

1. Szene

(Kasper, Seppel, Hexe)

Kasper (kommt auf die Bühne, läßt den Kopf hängen):
Guten Tag, Kinder, ich habe heute zu gar nichts Lust, nichts zu tun, mir ist ja so langweilig. Die Gretel hat keine Zeit, und Großmutter arbeitet im Garten. Und meine Freunde sind alle schon in die Ferien gefahren. Was habt ihr denn heute alles gemacht?
(Der Puppenspieler/die Puppenspielerin sollte das Gespräch der Kinder aufgreifen, Kasper hat aber zu nichts Lust)

Seppel (kommt pfeifend auf die Bühne):
Hallo, Kasper, was machst du denn für ein Gesicht?
Kasper: Och, ich langweile mich nur, und du, du bist ja so gut gelaunt und lustig?
Seppel: Ich fahre morgen in die Berge, Urlaub machen. Muß nur noch schnell packen, und dann kann es losgehen. Und ihr Kinder, wißt ihr schon, was ihr in den Ferien machen möchtet?
(Ideen, Wünsche, Urlaubsziele der Kinder sammeln)
Ich muß jetzt gehen, tschüs Kinder, tschüs Kasper, bis nach den Ferien. Und paßt auf die Hexe auf, die hat heute mal wieder nichts als Unsinn im Kopf!
(Seppel geht, winkt noch zum Abschied)
Kasper: Tschüs, Seppel! Jetzt fährt der auch noch weg. Und ich und die Gretel, wir bleiben hier. Was ist mit der Hexe los? – Ich glaube, die Hexe hat meine Gedanken verhext. Nur noch Ferien, Ferien, Ferien! Aber wo ist die Hexe eigentlich?
(Hexe schaut an verschiedenen Stellen der Bühne hervor, lacht laut. Die Kinder rufen nach Kasper und wollen ihm die Hexe zeigen. Die jedoch verschwindet immer wieder!)
Ich glaube, die Hexe ist weg. Kinder, ich gehe mal zur Großmutter, vielleicht hat sie eine Idee, wie ich meine Ferien verbringen könnte. Und wenn die Hexe kommt, ruft mich! Ja?

2. Szene

(Kasper, Hexe)

(Kasper geht von der Bühne, die Hexe taucht wieder auf)
Hexe: Ha, ha, ha, habt ihr eben alle eure Ferienwünsche aufgezählt? Ha, ha, ich werde alle Wünsche und Ferienziele weghexen und für mich alleine sammeln.
(Kinder rufen den Kasper)
Ha, ha, der Kasper kann euch auch nicht helfen.
(Kasper kommt angerannt)
Hexe: Na, Kasper, willst du mir auch deinen Ferienwunsch schenken?
Kasper: Nein, nein, Hexe. Ich habe keine Wünsche, aber weißt du, was mit deinen weggehexten gesammelten Wünschen passiert ist? Na, na ...
(Kasper hüpft um die Hexe herum, ärgert sie)
Na, na ...
Hexe: Nun sag schon, oder ich verhexe dich in eine ...
(zögert ein wenig, Kasper stört die Hexe beim Weiterreden)
Kasper (lacht): Hör auf, ich bekomme Lachbauchschmerzen, deine gesammelten Ferienziele hat Zauberer Pfiffig. Der liegt jetzt am Strand in der Sonne und hat alles: Sonne, Berge, Meer, Strand, Freunde und vieles mehr.

Hexe: Du lügst, du willst nur nicht, daß ich den Kindern ihre Ferien vermiese. Aber halt: Hex, hex, Ferienflex, alle Wünsche ...
(Kasper unterbricht die Hexe)
Kasper: Kinder, helft mir, und ruft alle mit mir: Unsere Wünsche, die sind frei, Hexenspuk geh schnell vorbei!
(Kinder stimmen mit ein – Paukenschlag, lauter Knall – Hexe verschwindet)
Kasper: Hurra, hurra, wir haben es geschafft. Sie ist verschwunden.
(schaut sicherheitshalber noch mal in allen Ecken nach)
Nichts! Sie ist wirklich weg!

3. Szene

(Kasper, Großmutter)

Großmutter: Kasper, warum bist du denn eben so schnell weggerannt? Die Kinder sind ja auch noch ganz aufgeregt. Was war denn los?
(Kasper und Kinder erzählen, was los war)
Kasper: Großmutter, hast du etwas Zeit für mich? Ich wollte dich vorhin schon etwas fragen, da kam aber die Hexe dazwischen.
Großmutter: Aber natürlich, Kasper. Was ist es denn für eine Frage?
Kasper: Och, alle machen Ferien, der Seppel, die Kinder und ich und die Gretel ... Jetzt wollte ich mal wissen, was du früher in den Ferien gemacht hast.
Großmutter: Früher gab es keine Ferien mit dem Auto, dem Flugzeug, der Bahn oder dem Bus. Nein, wir gingen öfter einen ganzen Tag wandern, machten ein Picknick, abends ein Lagerfeuer und Spiele im Wald.
Kasper (hüpft): Das gefällt mir, das ist toll, erzähl weiter!
Großmutter: Wenn du mehr wissen möchtest, warum verbringt ihr beiden, du und die Gretel, nicht die Ferien bei mir?
Kasper: Du meinst wirklich, so ganz mit dir?
(kleine Pause, Kasper schelmisch)
Och nein, das geht ja nicht! – Du bist ja viel zu alt!

Großmutter: Kasper, jetzt aber halt. Was ist nun mit den Ferien?
Kasper: Aber ja Großmutter, wir kommen und machen mit.
(umarmt die Großmutter, tanzt mit ihr, singt)
Hurra, hurra, ich mache Ferien!
So, Großmutter, ich gehe schnell dem Koffer Bescheid sagen und Gretel packen! Ach nein, ich bin schon ganz durcheinander ... Was pack' ich nur alles ein? Zahnbürste? Unterhose? Was brauche ich nur?
(Kinder helfen dem Kasper beim Sammeln)
Das reicht, sonst platzt noch mein Koffer. Tschüs Kinder, ich muß jetzt gehen.
(Verläßt die Bühne, kommt aber wieder)
Gebt auf eure Ferienwünsche acht, damit die Hexe oder vielleicht jemand anderes sie euch nicht wegnimmt. Tschüs, bis nach den Ferien!
(Kasper geht singend von der Bühne)
Großmutter: Ich gehe auch. Ich muß mich noch etwas erholen, bis die beiden kommen. Bis bald, auf Wiedersehen!
(Großmutter verläßt die Bühne)

Andrea Heck

Tips zur Nachbereitung des Kasperstücks

Nach dem Kasperstück bieten sich folgende Gesprächsthemen für die Kinder an:
- Wo und mit wem kann man Ferien machen?
- Wer hat schon mal seine Ferien mit Oma und/oder Opa verbracht?
- Wie machten Oma und Opa früher Ferien?
- Wie kann man verreisen? Verschiedene Orte kennenlernen: Flugplatz, Hafen, Bahnhof.
- Was ist in den Ferien anders?
  Zeit haben für ...; fremde Menschen kennenlernen; allein sein müssen ...
- Könnten nicht immer Ferien sein? Brauchen wir die Ferien überhaupt?
- Welche verschiedenen Landschaften kennen die Kinder?
- Was braucht man alles, um verreisen zu können?

Mit jedem dieser Gesprächsthemen kann man verschiedene Aktionen verbinden; die Themen lassen sich entsprechend ausbauen.

Beispiele:
- Collage machen »Wie stellt ihr euch euere Ferien vor?« (ausschneiden, aufkleben, aufmalen, was den Kindern zum Thema Ferien einfällt)
- Oma und Opa einladen (eventuell darum bitten, Bilder von früher mitzubringen und über »ihre Ferien« in der Kindheit erzählen lassen)
- »Ferienland« aufbauen (im Garten). Mit unterschiedlichen Materialien bauen die Kinder ihr Ferienland mit allem, was sie sich wünschen.

Materialien könnten zum Beispiel sein: Holz, Steine, Papier, Stoffreste, Wolle, Tannenzapfen, Sand, Wasser ...

Andrea Heck

So macht Feiern allen Spaß

Refrain

Na, hat euch unser Fest gefallen?
Fandet ihr es auch so schön?
Könntet ihr uns beim Aufräumen helfen,
denn dann können wir mit euch gemeinsam auch nach Hause gehn?

1.
Teller, Tassen, Gläser bringt
nur schnell zur Küche hin;
drei, vier Leute spülen,
dann ist alles halb so schlimm.
Refrain: Na, hat euch ...?

2.
Bühnen, Buden, Bänke, Tische
sind bald abgebaut,
und die hochbegehrten Spiele
in den Schrank verstaut.
Refrain: Na, hat euch ...?

3.
Zwei, drei Besen legen
einen Tango aufs Parkett,
und im Grill glüht noch
das allerletzte Holzbrikett.
Refrain: Na, hat euch ...?

4.
Schon ein wenig später
ist die Arbeit dann vollbracht,
und gemeinsam wird schon
an das nächste Fest gedacht.
Refrain: Na, hat euch ...?

Judith Rosch

Kinderolympiade

Die Kinderolympiade ist eine kleine Veranstaltung für sich. Je mehr Kinder mitmachen, um so interessanter wird das Ganze. Sie eignet sich beispielsweise für einen großen Kindergeburtstag, für eine Veranstaltung im Kindergarten oder im Sportverein oder für eine Haus- beziehungsweise Straßengemeinschaft. Die Anzahl der Teilnehmer ist nach oben offen, es können Kinder ab etwa 3 Jahren mitmachen. Die Kinderolympiade besteht aus 8 Disziplinen. Tips zur Durchführung sind auf Seite 92, nach der Beschreibung der einzelnen Disziplinen, zu finden.

1. Disziplin: Eisschollentreffen

Man benötigt dazu

- 1 gefülltes Planschbecken
- mehrere Holzstückchen, ca. 20 x 20 cm
- mehrere Waschlappen

Und so wird's gemacht

Die Holzstückchen werden in das gefüllte Planschbecken gelegt. Die Kinder werfen nun die Waschlappen aus einer bestimmten Entfernung auf diese »Eisschollen«; die Treffer werden dabei von der Spielleiterin/vom Spielleiter notiert. Je jünger der Teilnehmer ist, desto geringer ist natürlich auch die Entfernung zum Planschbecken.

3. Disziplin: Luftballonstechen

Man benötigt dazu
– Luftballons
– Gitterkäfig
– Stab mit einer Spitze
– Stoppuhr

Und so wird's gemacht
In einem Gitterkäfig liegen viele bunte, prall aufgeblasene Luftballons. Die Teilnehmer müssen nun versuchen, innerhalb einer bestimmten Zeit so viele Ballons wie möglich mit Hilfe eines spitzen Stabes zum Platzen zu bringen. Dabei dürfen sie aber das Gitter nicht mit dem Stab berühren, sonst gibt es Punkteabzug!

2. Disziplin: Kerzenlöschen ohne Wind

Man benötigt dazu
– Kerzen
– Feuerzeug
– Wäschesprüher
– Wasser

Und so wird's gemacht
Eine brennende Kerze soll mit einem Wäschesprüher (man kann ersatzweise auch eine alte, ausgediente Shampooflasche verwenden, die – völlig gefüllt – auch wunderbar weitreichende Wasserstrahlen erzeugt) gelöscht werden. Der Abstand zwischen Teilnehmer und Kerze richtet sich auch hier wiederum nach dem Alter des Kindes.

4. Disziplin: Biedeckellauf

Man benötigt dazu

- Bierdeckel
- Pappdeckel, ca. DIN-A4-Größe
- Stoppuhr
- Wendemarke

Und so wird's gemacht

Jeder Teilnehmer erhält 2 Bierdeckel; die jüngeren Kinder bekommen statt dessen 2 der größeren Pappdeckel. Der erste Spieler startet auf Kommando und bewegt sich vorwärts, indem er nur auf einen Bierdeckel tritt und den anderen ein Stück weit vor sich legt, um dann darauf zu treten. Dann muß er den ersten Deckel nach vorn holen und so weiter. Um eine Wendemarke herum geht es zum Start zurück.
Berührt der Teilnehmer den Boden, muß er 2 Meter zurückgehen. Die benötigte Zeit wird gestoppt und die Punktzahl daraus errechnet.

5. Disziplin: Glockenspiel

Man benötigt dazu

- 1 Glocke
- Tennisbälle
- größere Bälle für die kleineren Kinder

Und so wird's gemacht

Die Glocke wird an einem Baum aufgehängt. Von einer bestimmten Entfernung aus werfen die Kinder mit den Tennisbällen auf die Glocke (die Kleinen dürfen natürlich wieder näher herangehen und bekommen auch größere Bälle zum Werfen). Wenn die Glocke ertönt, dann erhält der Teilnehmer eine bestimmte Punktzahl.

6. Disziplin: Bürstenrennen

Man benötigt dazu

- 1 harte Bürste mit Handgriff
- Tisch mit glatter Oberfläche
- Stoppuhr

Und so wird's gemacht

Die harte Bürste wird mit den Borsten nach unten auf einen glatten Tisch gelegt. Die Teilnehmer müssen nun die Bürste lediglich durch Tippen auf den Handgriff zum »Laufen« bringen. Schieben oder Stoßen der Bürste ist streng verboten und wird mit Punktabzug geahndet! Die Punktzahl errechnet sich aus der Zeit, die die Bürste von einem Tischende zum anderen benötigt.

7. Disziplin: Erbsenstafette

Man benötigt dazu

- Strohhalme (Trinkhalme)
- getrocknete Erbsen
- 2 Teller
- Stoppuhr

Und so wird's gemacht

Die Erbsen liegen alle in einem der beiden Teller. Die Teilnehmer müssen nun eine Erbse nach der anderen durch Ansaugen mit einem Stroh- oder Trinkhalm aufnehmen und auf dem zweiten Teller ablegen, der etwas entfernt vom ersten steht. Jeder Teilnehmer hat hierzu eine zuvor vereinbarte Zeit zur Verfügung. Hier kann man den jüngeren Spielern wieder etwas mehr Zeit gewähren als den älteren.

8. Disziplin: Turmbau

Man benötigt dazu

– Streichhölzer
– Holzstäbe oder Bauklötze
– Stoppuhr
– Tisch oder andere ebene Fläche als Unterlage zum Bauen

Und so wird's gemacht

Innerhalb von 3 Minuten soll ein möglichst hoher Turm aus Streichhölzern gebaut werden. Jüngere Teilnehmer erhalten dazu statt der Streichhölzer größere Holzstäbe oder Bauklötze. Für jedes verbaute Streichholz beziehungsweise für jeden Holzstab oder Bauklotz bekommt der Teilnehmer einen Punkt.

Tips zur Durchführung

Der Schwierigkeitsgrad der einzelnen Disziplinen sollte den verschiedenen Altersgruppen angepaßt werden. Es ist darum ratsam, vor Beginn der Olympiade unterschiedliche Altersklassen festzulegen, bei denen die in der Beschreibung der einzelnen Disziplinen aufgeführten Erleichterungen gelten sollen.
Jeder Teilnehmer erhält zu Beginn der Olympiade eine Punktekarte ausgehändigt oder umgehängt, auf der die einzelnen Disziplinen aufgeführt sind. Auf diese Punktekarte trägt die Spielleiterin/der Spielleiter die bei den einzelnen Disziplinen erreichte Punktzahl ein. So kann man auch auf einen Blick feststellen, ob der Teilnehmer eine bestimmte Disziplin schon absolviert hat oder ob er noch an die Reihe kommt.
Anstatt eines Preises kann man jedem Teilnehmer am Schluß der Olympiade eine Urkunde/ein Geschicklichkeitsdiplom überreichen, die/das ihm eine erfolgreiche Teilnahme bescheinigt.

Stefanie Vieth-Efinger

Was heißt hier »hm«?

Der Philipp fällt – herrjemine
aufs hm, hm, und sein Bein tut
weh.
Ein hm, hm klebt er auf das Bein.
Geheilt wird es bestimmt bald sein.

(Pflaster)

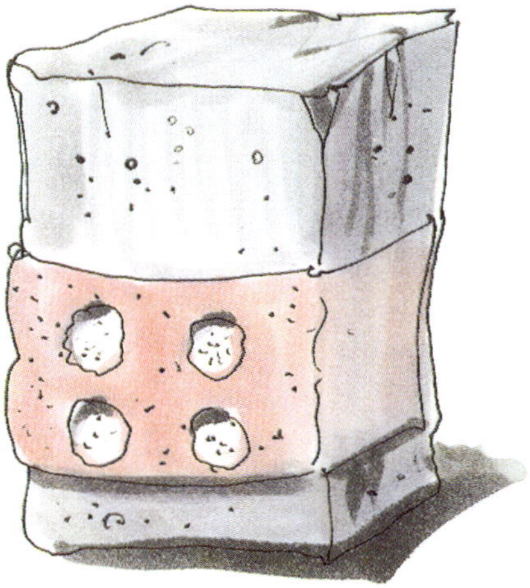

Die hm, hm hängen an den Weiden,
wenn's Frühling ist in unserm
Land.
Die Tiere mögen viele leiden,
hm, hm werden sie auch genannt.

(Kätzchen)

Die Kugel trifft mich häufig – bum!
Ganz nach des Spieles Regel.
Ich stehe da und fall' leicht um.
Ich bin nun mal ein hm, hm.

(Kegel)

Hans-Joachim Ludwig

In andere Rollen schlüpfen

Dieses Verwandlungsspiel eignet sich hervorragend für einen verregneten Sommertag, wenn die Kinder zu Hause bleiben müssen. Gut ist es, wenn man eine Verkleidungskiste hat, die mit abgelegten Kleidungsstücken von Erwachsenen, Stoffresten und allerlei anderen Requisiten zum Verkleiden gefüllt ist.

Man benötigt dazu

- 1 Zauberhut
- 1 Zauberstock
- Verkleidungs- und Requisitenkiste (falls vorhanden)
- selbstgebastelte Bäume (falls vorhanden)

Spielvorbereitung

In einem geeigneten Raum wird eine geheimnisvolle Atmosphäre hergestellt, zum Beispiel, indem man den Raum abdunkelt, Kerzen aufstellt und so für eine schummrige Beleuchtung sorgt – vielleicht Tücher aufhängt – und ähnliches.

Es werden dann so viele Stühle wie Kinder, die sich am Spiel beteiligen werden, im Raum verteilt. Um die geheimnisvolle Waldatmosphäre zu verstärken, können auch gebastelte Bäume an die Wand oder noch besser an die einzelnen Stühle geklebt werden.

Die Kinder befinden sich während der Vorbereitungen noch in einem anderen Raum.

Spielverlauf
Die Kinder ernennen ein Kind aus ihrer Mitte zum Zauberer. Dieses Kind verkleidet sich entsprechend und geht in den Raum, der als Zauberwald dekoriert wurde.
Danach führt der Spielleiter die Kinder mit den Worten: »Wir haben gleich den Zauberwald erreicht. Wer hineingeht und vom Zauberer angesprochen wird, darf sich wünschen, wie oder in was der Zauberer ihn verwandeln soll«, in den Raum hinein.
Nun fragt der Zauberer das erste Kind: »Ich kann dich verzaubern, wenn du möchtest. Wer oder was möchtest du denn sein?«
Das Kind muß nun antworten: »Ich möchte mich in ... verwandeln!«
Der Zauberer führt das Kind zur Verkleidungs- und Requisitenkiste, aus der es sich die für seine Verwandlung notwendigen Kleidungsstücke und Requisten nehmen kann.
Der Zauberer unterstützt die Verwandlung mit einem kleinen Zauberspruch, zum Beispiel: »Das Kind hier wünscht sich sehr, ein ... zu sein. Komm, großer Zaubergeist und hülle es schnell ein!«
Anschließend kann sich das Kind gemäß seiner neuen Rolle im Zauberwald bewegen und sich dann einen Stuhl suchen, auf dem es Platz nimmt.
Wenn der Zauberer alle beteiligten Kinder verwandelt hat, kann er sie auf Wunsch auch wieder zurückverwandeln.

Übrigens
Es ist ratsam, dieses Spiel mit einer kleinen Kindergruppe zu spielen, da erstens jeder Mitspieler einmal die Macht des Zauberers genießen möchte und zweitens ausreichend Zeit für die Verwandlungen zur Verfügung stehen sollte.
Wichtig ist auch, darauf zu achten, daß alle Kinder freiwillig mitspielen, das heißt kein Kind soll gegen seinen Willen verwandelt werden und sich immer selbst aussuchen, wer oder was es werden möchte.

Anke Agius-Gilibert

Zeitungstanz

Auch auf der Kinderparty wird gern getanzt; vor allem, wenn das Tanzvergnügen durch ein passendes Spiel spannender gestaltet wird. Beim Zeitungstanz sind sportliche bis akrobatische Fähigkeiten gefragt!

Man benötigt dazu

– pro Tanzpaar eine Zeitungsdoppelseite

Und so wird getanzt

Die Kinder tanzen zu Paaren. Jedes Paar wird mit einer Zeitungsdoppelseite ausgerüstet, legt sie auf den Boden und tanzt zur gleich darauf einsetzenden Musik nur noch auf dieser Unterlage. Dabei gilt es, aufzupassen, daß der Zeitungsrand nicht übertreten wird. Sobald die Musik abbricht, wird das Blatt aufgenommen, einmal in der Mitte zusammengefaltet und wieder hingelegt. Weiter geht der Tanz! Jede Musikunterbrechung ist für alle Paare das Zeichen für ein erneutes Zusammenfalten der Zeitungsunterlage. Bald müssen die ersten Paare wegen Übertretung der »Basis« ausscheiden. Gewonnen hat das Paar, das als letztes übrigbleibt. Bei älteren Kindern endet der Zeitungstanz oftmals mit einem einzigen Tänzer, der vorsichtig auf einem nur noch postkartengroßen Papier herumhüpft und seine Partnerin auf dem Rücken »huckepack« trägt.

Heike Benekam

Trippelschleicher

Trippelschleicher ist ein Spiel im Freien für eine beliebig große, ungerade Zahl von Kindern.

Und so wird gespielt

Die Kinder nehmen auf einem freien Platz, Sportfeld, einer Spielwiese oder dergleichen an einer Startlinie Aufstellung. Je zwei Kinder haken sich dabei unter. Etwa 20 bis 30 Meter von der Startlinie entfernt steht der »Wächter«, also ein Mädchen oder ein Junge – am besten an einer Mauer, einer Hauswand oder einem Pfosten.
Wenn die Paare untergehakt Aufstellung genommen haben und zum Start bereit sind, ruft der Wächter: »Zwei und zwei, wer schleicht herbei? Wer es auch sei, ganz ohne viel zu reden, erwische ich hier jeden.«
Nach diesen Worten dreht er den Paaren den Rücken zu. Die Zweierpartner müssen sich nun fest untergehakt dem Wächter nähern. Dabei darf jeder ihrer Schritte nicht größer als eine Fußlänge sein. Die Kinder trippeln also.
Der Wächter dreht sich sodann plötzlich wieder den Trippelschleichern zu. In diesem Augenblick müssen die Paare regungslos stehenbleiben. Dem Partnerduo, das der Wächter beim Vorwärtsschleichen erwischt hat, ruft er zu: »Ihr seid ertappt. Es hat geklappt. Das ganze Stück zurück, zurück!«
Das betreffende Paar muß zur Startlinie zurückgehen und – untergehakt – erneut sein Glück versuchen, wenn sich der Wächter wieder wegwendet. Zurückgeschickt wird vom Wächter auch jedes Kind, das sich nicht mehr mit seinem Partner untergehakt hat. Das Spiel erfordert also eine dreifache Konzentration:

1. auf den untergehakten Partner,
2. auf die Trippelschritte,
3. auf das Verhalten des Wächters.

Pro Spiel gibt es fünf Durchgänge. Das Kinderpaar, das nach dem fünften Durchgang dem Wächter am nächsten kommt, stellt für die beiden folgenden Spiele jeweils den Wächter.

Hans-Joachim Ludwig

Sommeralphabet

Abendsonne blutorange Caramel-Dessert erlebnisreiche Ferien Gartenfest Hängematten Insel Juli Kirschenfleck Lampions Mitternacht Nackedei Ozean Paddelboot Quatsch Rucksack Sonnenstich tierischer Urlaub Vitamine Wasserschlacht X Ypsilon Zelt.

Judith Rosch

Landtier oder Strandtier?

Dies ist ein Wortergänzungsspiel, das den Wortschatz der Kinder vergrößert und gleichzeitig Spaß macht.
Vielen Tiernamen braucht man einfach nur die Wörter See, Meer, Watt oder Wasser voranzustellen, und schon wird aus dem ehemaligen Landtier ein Tier, das entweder im oder aber am Wasser/Meer lebt. Den Kindern wird lediglich der Name des Landtieres genannt, dann müssen sie selbst überlegen, wie das entsprechende Meer-, See- oder Wassertier heißt. Zum besseren Verständnis kann man den Kindern eventuell auch noch ein Beispiel vorgeben. Unten stehen dazu einige Vorschläge. Das Spiel kann man gut auf Reisen oder im Urlaub spielen; besonders interessant wird es für die Kinder jedoch, wenn man es dann zu Hause nachbereitet und von den entsprechenden Tieren auch Bildmaterial zeigt, so daß die fast gleichnamigen Tiere miteinander verglichen werden können. So manches Mal wird man sich dabei wundern, denn oft besteht nicht die geringste Ähnlichkeit zwischen den beiden namensverwandten Tieren.

Bernhard Lehnert

Adler – Seeadler

Hund – Seehund

Schwein – Meerschwein

Floh – Wasserfloh

Pferd – Seepferd

Wurm – Wattwurm

Stern – Seestern

Rose – Seerose

Rettich – Meerrettich

Amsel – Wasseramsel

Elefant – See-Elefant

Gurke – Seegurke

Katze – Meerkatze

Kuh – Seekuh

Igel – Seeigel

Schwalbe – Seeschwalbe

Spaziergang am Strand

Draußen ist es wunderschön,
kommt, laßt uns spazierengehn!

Wandern hin zum Nordseedeich,
erkunden auch das Meer schon gleich.

Schauen uns die Küste an,
erkunden Wasser, Strand und Tang.

Gehen barfuß durch den Schlick,
Schlamm kleidet unsre Füße schick.

Sehen allerhand Getier,
doch recht schnell ist es halb vier.

Laufen schnell zurück zum Strand,
kommt doch die Flut ins Wattenland.

Margot Weiß/Mirjam Bach

Lagerfondue

Vorbereitung der Feuerstelle

Für das Lagerfondue selbst bauen wir uns eine »Wildfeuerstelle'« – aber bitte nur auf einem offiziellen Grillplatz, keinesfalls im Wald! Zunächst wird die Feuerstelle mit großen Steinen abgesichert. Drei dicke, mindestens 1,50 Meter lange Äste werden über der Feuerstelle so in den Boden gerammt, daß sie sich im oberen Viertel kreuzen (wie der Unterbau eines Indianerzeltes); hier werden sie mit Draht zusammengebunden. An diesem Kreuzpunkt befestigt man ebenfalls mit Draht einen Keramik- oder Campingkochtopf, und zwar so, daß er etwas über dem Feuer hängt. Als Brennstoff sollte man sicherheitshalber Holzkohle benutzen.

Man benötigt für das Fondue

- heiße Fleisch-oder Hühnerbrühe
- eventuell Sojasauce
- kleine Cocktailwürstchen
- Blumenkohlröschen
- Paprikaringe
- Lauchstreifen
- Kohlrabistreifen
- Zwiebelringe
- hauchdünn geschnittene Fleischscheiben (Fleisch vorher anfrieren und auf der Brotmaschine schneiden)

Und so wird's gemacht

Der Topf wird mit heißer Fleisch- oder Hühnerbrühe gefüllt; eventuell mit Sojasauce abschmekken. Die Brühe muß über dem Feuer leicht zum Kochen gebracht werden.
An angespitzten Weidenstöcken, die die Kinder selbst gesucht haben, kann sich jedes seine Häppchen in der Brühe selbst garen.

Gerda Reinscheid

Übrigens

Besonders lecker schmecken diese Häppchen, wenn man sie nach dem Garen in einen Sojasaucendip (Sojasauce mit kleingehackten Frühlingszwiebeln) taucht. Auch die Brühe, in der die Gemüse- und Fleischscheiben gegart wurden, schmeckt ganz köstlich und wird von den meisten Kindern gerne als »Nachtisch« getrunken.

Sommerdrinks

Sommerfrüchte-Kinderbowle

Man benötigt für ca. 10 Portionen

- 1 1/2 l Früchtetee
- 2-3 Zimtstangen
- 1 1/2 l naturtrüben Apfelsaft
- 1/2 Flasche Mineralwasser
- 1-1 1/2 kg frisches Obst, z.B. Erdbeeren, Pfirsiche, Melone, Süßkirschen, Himbeeren, Ananas

Und so wird's gemacht

Einen Früchtetee kochen und die Zimtstangen darin ziehen lassen, bis er abgekühlt ist. Danach den Apfelsaft hinzugeben.
Während der Abkühlzeit wird das Obst vorbereitet, das heißt gewaschen, eventuell geschält und in mundgerechte Stücke zerkleinert. Nachdem die Obststücke zur Flüssigkeit gegeben wurden, muß die Bowle noch mindestens eine Stunde ziehen. Kurz vor dem Servieren das Mineralwasser hinzufügen.

Laura Reichel!

Grüner Gurkendrink

Man benötigt für ca. 4 Portionen

- 300 g Salatgurke
- 2 Eßlöffel Dill
- 2 Eßlöffel Kerbel
- 2 Eßlöffel Kresse
- etwas Estragon
- 1 Teelöffel Meerrettich
- 500 g Buttermilch
- Pfeffer
- Selleriesalz

Und so wird's gemacht

Die Gurke schälen und im Mixer pürieren. Die Kräuter kleinhacken, mit in den Mixer geben, ebenso den Meerettich und die Buttermilch; alle Zutaten durchmixen und mit Pfeffer und Selleriesalz abschmecken.

Gerda Reinscheid

Das Wutzischmutzikotelettschwein

Ein Wutzischmutzikotelettschwein
fraß dreißig Torten ganz allein,
die Bimmelbammeljoghurtkuh
gab ihm zwölf Liter Milch dazu.
Der Bauer Hugo Reiter
macht Schweinchens Stalltür breiter.

Peter Schäfer-Oswald

Herbst

Allmählich werden die Abende wieder länger, ein kühlerer Wind kommt auf, und nach und nach verfärben sich die Blätter an den Bäumen in die herrlichsten Herbstfarben. Es ist die Zeit der Apfel- und der Kartoffelernte, und in den Parks kann man dicke, fette, glänzende Kastanien sammeln. Auch diese Jahreszeit fordert zu allerlei Aktivitäten heraus: Man läßt Drachen steigen (ein passendes Lied ist gleich auf den nächsten Seite zu finden), spielt Kastanienminigolf, genießt die besten Rezepte rund um Apfel und Nuß... Diese und zahlreiche andere Anregungen bietet das folgende Kapitel.

Drachenlied

1.
Mein allerbester Freund,
das ist der Wind.
Er kann so mächtig kräftig sein,
was mir an ihm gefällt.
Mit ihm gemeinsam reise ich geschwind,
und reißt mal meine Drachenschnur,
seh' ich die ganze Welt.

2.
Mein Drachenvater nennt sich Michael,
er hat mich mit viel Liebe und mit viel
Geduld gebaut.
Mein Drachenmantel leuchtet poppig
gelb –
ich sehe so gut aus, daß fast ein jeder nach
mir schaut.

3.
Am Himmel fühle ich mich
wohl und fit;
kann fliegen oder schweben wie ein Vogel
fast so frei.
Ein Wirbelwind ist schon ein echter Hit,
dann flattert jedes Stück an mir –
ich mag die Fliegerei.

4.
Auch ich als Drache habe
einen Traum:
mal alle Länder, Drachen, Menschen dieser
Welt zu sehn.
Dann würde jedoch einer traurig sein
und wär' allein, drum werde ich von
Michael nie gehn!

Judith Rosch

Heut hab' ich den Herbst gesehen

Heut hab' ich den Herbst gesehen!
Das ist so ein großer Mann.
Sah ihn über Felder gehen
lachend, singend dann und wann.

Oft pfeift er sich eins im Regen,
bläst von Bäumen Blätter ab,
läßt die Menschen fleißig fegen.
Arbeit gibt es nicht zu knapp.

Äpfel, Birnen, Quitten, Pflaumen
wollen bald geerntet sein,
Tafelfreuden für den Gaumen.
Trauben bringen Most und Wein.

Schwingt der Herbst auch Nebeltücher,
machen wir uns gar nichts draus –
oder lesen schöne Bücher,
bleiben einfach mal zu Haus.

Oft gehn wir Kastanien suchen
oder Eicheln – einerlei,
finden Eckern unter Buchen.
Abends gibt es Hirsebrei.

Herbst, wir möchten dich nicht missen,
rüttelst du auch an der Tür.
Kinder magst du, wie wir wissen.
Und wir lieben dich dafür.

Hans-Joachim Ludwig

Späte Reise eines Herbstblattes

Diese Geschichte eignet sich zum Vorlesen für ein einzelnes Kind ebenso wie für eine ganze Kindergruppe. Bei einer Gruppe hat man zusätzlich die Möglichkeit, alle mitspielen zu lassen. Anregungen dazu gibt es am Schluß der Geschichte.

Und so geht die Geschichte

Dunkle Wolken hingen am Himmel, und es sah aus, als ob es gleich losregnen würde. Die Bäume bogen sich im Wind, viele Blätter hatten sie zu dieser Jahreszeit, im späten Herbst, nicht mehr. Die meisten Laubbäume, die auf dieser Wiese standen, waren schon ganz kahl. Ein Baum allerdings sah ein bißchen lustig aus. Er hatte nur noch ein einziges Blatt, und das hing ganz oben in der Baumspitze. Dieses Blatt nämlich wollte und wollte nicht abfallen. Es hatte Angst, es könnte nicht weit genug fliegen, würde nicht viel

sehen – und überhaupt, warum durfte es eigentlich nicht länger hängenbleiben? Es war gar nicht einfach, sich so lange festzuhalten. Die verschiedensten Winde haben schon an ihm gerüttelt, aber es hielt sich fest. Sogar jetzt, als dicke Regentropfen den Ast, an dem es hing, hin und her bewegten, blieb es standhaft. Der Regen wurde stärker, und es kostete das Blatt viel Kraft, sich festzuhalten. Es kam sich auch etwas komisch vor, seine Freunde waren alle schon auf die Reise gegangen, nur es blieb übrig. Sollte es sich trauen? Wenn es noch viel länger warten würde, hätte es womöglich keine Kraft mehr zum Fliegen. Seine Angst und Unsicherheit würden ja auch nicht weniger werden. Das Blatt war so in Gedanken vertieft, daß es gar nicht bemerkte, wie jemand mit ihm sprach. »So, so, antworten will es auch nicht, wohl zu fein, was, krächz?« Da sah es dicht neben sich auf einem Ast einen Raben sitzen. »Was? Oh, entschuldigen Sie, aber ich habe Sie gar nicht bemerkt, Herr Rabe!« sprach es leise. »Darf ich mich vorstellen, Rabe Kracks, und ich meinte bloß, was so ein Blatt so spät, krächz, noch hier am Baum macht, krächz, merkwürdigerweise, meinte nur so, krächz. Bist was Besonderes, was, krächz?« – »Eigentlich nicht«, sprach das Blatt noch leiser als vorher. »Bin ein ganz, fast ganz normales Blatt, nur etwas ängstlich.« – »Und etwas heiser, was, krächz, kann kaum was hören«, krächzte der Rabe sehr laut. Das Blatt nahm allen Mut und alle Kraft zusammen und sprach laut: »Nein, ich traue mich nur nicht, mich einfach gehen zu lassen. Du hast es gut mit deinen Flügeln.«

»Nichts leichter als das, ich nehm' dich ein Stückchen mit!« War das ein Angebot! Nun mußte es sich entscheiden. Sollte es, sollte es nicht? Noch lange warten konnte es nicht, die besten Herbstwinde waren schon vorbei. »Ja«, sagte es schnell, bevor sein Mut es wieder verließ.
Der Rabe Kracks nahm das Blatt in den Schnabel, und los ging die Reise. Zuerst wurde es dem Blatt etwas schwindlig; doch dann fand es die Aussicht wunderschön. Sie flogen über leere Felder und Wiesen, über ein Dorf und weiter, weiter...
Unterwegs sah es ein paar Dinge, die es nicht verstand. Den Raben konnte es aber auch nicht fragen, sonst hätte der womöglich den Schnabel aufgemacht, und die Reise wäre zu Ende gewesen. Nun frage ich dich (euch), vielleicht kennst du (kennt ihr) die Dinge.

– Auf einer Wiese sah es kleine Menschen, die hatten Fäden oder Schnüre in der Hand. Und am Ende wackelte etwas Buntes in der Luft.
– In einem Tannenwald sah es kleine braune Tiere mit buschigen Schwänzen, die rannten immer hin und her. Viele hatten so runde Dinger im Mund, die sie in ein Loch in der Erde legten.
– Auf einmal hörte es mehr, als es sah. Da krabbelte ein riesengroßes Tier mit vier runden Rädern auf einem Feld herum. Das machte einen Krach, als ob es Hunger hätte. Und dazu wühlte es den ganzen Boden auf.
– Dann sah es ein langes, langes, blaugrünlichsilbrig glänzendes Band, auf dem einige Sachen herumschwammen.
(Hier kann die Erzählerin/der Erzähler die Ideen der Kinder aufgreifen. Worüber könnten sie noch geflogen sein?)

So flogen die beiden eine ganze Weile über viele interessante Dinge hinweg. Plötzlich meinte der Rabe: »So, nun ist es wohl an der Zeit für eine kleine Pause, was, krächz?« Doch das Blatt konnte ihn schon nicht mehr hören. Denn in dem Moment, als der Rabe seinen Schnabel geöffnet hatte, flog das Blatt, husch, husch, alleine weiter.

»Na also, krächz, geht doch auch alleine!« Das Blatt war so verdutzt, daß es zunächst gar nicht wußte, wie ihm geschehen war. Es konnte alleine fliegen, ganz alleine! »Danke, Rabe«, wollte es noch rufen, doch der Wind nahm es zu schnell weiter mit auf die Reise.

Es flog und flog, den ganzen Tag, bis es müde in einem Garten neben einem verknabberten Kohlkopf landete. »Hallo, wo kommst du denn her?« Was war das? Es konnte niemanden sehen. Wo kam denn bloß die Stimme her? »Hallo, hier bin ich, neben dem Kohlkopf.« Und da sah es eine kleine Schnecke, die langsam näher kam. »Gut, daß du gekommen bist, in dem Garten hier ist um diese Jahreszeit überhaupt nichts mehr los. Die Tage sind ja so langweilig geworden!« – »Ich habe heute schon eine lange Reise hinter mir und so viele sonderbare Dinge gesehen. Soll ich dir mal alles erzählen?« fragte das Blatt. »Au ja, das wäre fein. Du erzählst mir zuerst mal von deiner Reise, und ich erzähle dir dann von meinem Garten hier«, sagte die Schnecke, etwas zu langsam, wie das Blatt meinte.

Und wir lassen die beiden jetzt alleine. Bis die sich alles erzählt haben, das kann dauern. Ein müdes Blatt und eine langsame Schnecke brauchen nämlich Zeit.

Spielanregungen

Es werden verschiedene Laubbäume dargestellt, die zu Beginn der Geschichte noch ein paar Blätter haben. Mit dem ersten Wind oder Regen fallen alle ab, bis auf das eine. Man kann zum Beispiel Tische oder Stühle als Bäume verwenden, auf die sich die »Blätterkinder« setzen oder stellen. Wind- und Regenkinder können an den Blättern zerren und ziehen, oder sie einfach nur mit den Fingerspitzen antippen, bis sie sich lösen und herunterfallen. Das Ganze läßt sich mit Musikinstrumenten untermalen oder auch nur über Geräusche/Musik darstellen. Die restlichen Kinder spielen den Raben, die Schnecke, die Tiere im Wald, die »Drachensteigerlasser«, den Traktor, den Kohlkopf.

Unser Blatt und unser Rabe könnten auf ihrem Weg natürlich noch viel mehr gesehen haben; weiteren Rollen steht daher nichts im Wege.

Andrea Heck

Blätterwürfelspiel

Dies ist ein Tischspiel, das man ganz nach eigenen Vorstellungen gestalten und spielen kann; kein Spiel gleicht dem anderen. Verwendet werden hauptsächlich Naturmaterialien.

Man benötigt dazu

- verschiedene Blätter unterschiedlicher Bäume und Sträucher
- möglichst kleine, unterschiedliche Wildfrüchte (Kastanien, Eicheln, Hagebutten, Haselnüsse, Bucheckern)
- 1 Bogen weißen Fotokarton
- Klebstoff
- 1 Zahlenwürfel

Und so wird's gemacht

Mit den Kindern sammelt man bei Spaziergängen verschiedene Blätter und Wildfrüchte. Die Blätter werden gepreßt und die Wildfrüchte getrocknet. Dann klebt man die getrockneten Blätter in einer zuvor mit den Kindern vereinbarten Form (Schlangenlinie, Schneckenform, Zickzackweg...) auf den Fotokarton und legt Start- und Zielpunkt fest. Nun sucht sich jedes Kind eine Wildfrucht aus, die es als Spielfigur nutzt. Dabei sollte man darauf achten, daß jedes Kind eine andere Frucht als Spielfigur hat. Ist dies aus Mangel an Wildfrüchten nicht möglich, kann man zur Not auch Früchte gleicher Art durch das Aufmalen oder Aufkleben farbiger Kreise kennzeichnen. Dann werden mit den Kindern die Spielregeln erarbeitet, zum Beispiel: »Wer auf das rote Eichenblatt kommt, muß wieder zurück oder darf drei Blätter vorrücken«, »Wer auf dem gelben Lindenblatt steht, muß aussetzen« usw. Der Schwierigkeitsgrad der Regeln richtet sich nach dem Alter der Kinder. Bei kleineren Kindern hebt man am besten nur ein bestimmtes Blatt hervor.

Und so wird gespielt

Sind die Spielregeln festgelegt und hat jedes Kind seine Spielfigur ausgewählt, kann mit dem Würfeln begonnen werden. Sieger ist das Kind, dessen Spielfigur als erste den Zielpunkt erreicht hat.

Übrigens

Anstatt nur eine Spielfigur pro Kind zu nehmen, können auch mehrere Früchte (ähnlich dem Spiel »Mensch, ärgere Dich nicht«) eingesetzt werden, was die Spieldauer etwas verlängert.

Margot Weiß

Spiele für die Herbstzeit

Kastanienkönig

Man benötigt dazu
– 1 leere Schuhschachtel
– mehrere Kastanien (10 Stück pro Kind)

Und so wird gespielt
Jedes Kind erhält zehn Kastanien. Von einer Grundlinie aus – die mindestens 3 Meter von der Schuhschachtel entfernt sein sollte – versucht es nun, die Kastanien in die Schachtel zu werfen. Wer die meisten Treffer hat, ist Kastanienkönig.

Nußwettrennen

Man benötigt dazu
– 1 schiefe Ebene, die möglichst glatt sein sollte
– 1 Walnußschale pro Kind
– 1 Murmel pro Kind

Und so wird gespielt
Auf der schiefen Ebene (am besten eine Sperrholzplatte nehmen, die mindestens 60 Zentimeter breit und 100 Zentimeter lang sein sollte) wird die Startlinie markiert. Jedes Kind bekommt eine Walnußschale und eine kleine Murmel. Die Murmel wird in die Nuß gelegt und umgedreht auf die schiefe Ebene gesetzt. Auf Kommando werden die Nüsse losgelassen. Immer zwei Nüsse (Kinder) starten gegeneinander! Die Sieger dieses Duells treten im zweiten Durchlauf gegeneinander an. So geht es dann weiter, bis nur noch ein Sieger übrigbleibt.

Karin Seyer-Sauke

Äpfel an der Schnur

Man benötigt dazu
– 1 Apfel pro Kind
– Schnur

Und so wird gespielt
Die Äpfel werden am Stiel an einer Schnur befestigt und an einen Türrahmen oder an die Decke gehängt. Die Schnur muß so lang sein, daß die Äpfel in Gesichtshöhe der Kinder hängen. Die Mitspieler legen ihre Hände auf den Rücken und versuchen, mit dem Mund den Apfel zu erwischen und aufzuessen.

Bernhard Lehnert

Herbstfrüchtekette

Und so wird gespielt

Die Kinder sitzen im Kreis. Das erste Kind sagt: »Ich esse gerne einen Apfel!« Das zweite Kind fährt fort: »Ich esse gerne einen Apfel und eine Birne!« Das folgende Kind muß immer die bereits genannten Früchte wiederholen und seine Frucht dahintersetzen. Das Spiel wird so lange fortgesetzt, bis einem Kind ein Fehler in der Reihenfolge der Aufzählung unterläuft oder es einfach nicht mehr weiterweiß. Dann beginnt das Spiel von vorne!

Wettspielvariation

Das Kind, das einen Fehler bei der Aufzählung macht, scheidet aus. Das Spiel wird dann so lange fortgesetzt, bis nur noch ein Kind übrigbleibt.

Karin Seyer-Sauke

Laubsauger

Man benötigt dafür

- 4 oder 6 Körbe
- buntes Herbstlaub
- 1 Strohhalm für jeden Mitspieler

Und so wird gespielt

Je nach Anzahl der Kinder werden 2 oder 3 Gruppen gebildet. Jede Gruppe erhält einen Korb, der mit buntem Herbstlaub gefüllt ist. In etwa 2 Meter Entfernung werden entsprechend der Gruppenzahl 2 oder 3 leere Körbe aufgestellt. Die Aufgabe der Kinder ist es nun, mit Hilfe eines Strohhalms Blätter anzusaugen und in den leeren Korb zu transportieren. Sieger ist diejenige Laubsaugergruppe, die alles Laub zuerst in den (zuvor) leeren Korb transportiert hat.

Bernhard Lehnert

Eine bunte Krone aus Laub

Eine Blätterkrone ist ein herrlicher Herbstschmuck für naturliebende Kinder. Man kann sich damit zum Herbstkönig beziehungsweise zur Herbstkönigin krönen oder die Kronen bei einer Theateraufführung verwenden. Wichtig ist, daß das verwendete Laub nicht zu trocken ist, sonst bricht es bei der Verarbeitung. Am besten gelingt die Herbst- oder Laubkrone mit den gezackten Blättern des Ahornbaums. Damit sieht sie auch am eindrucksvollsten aus.

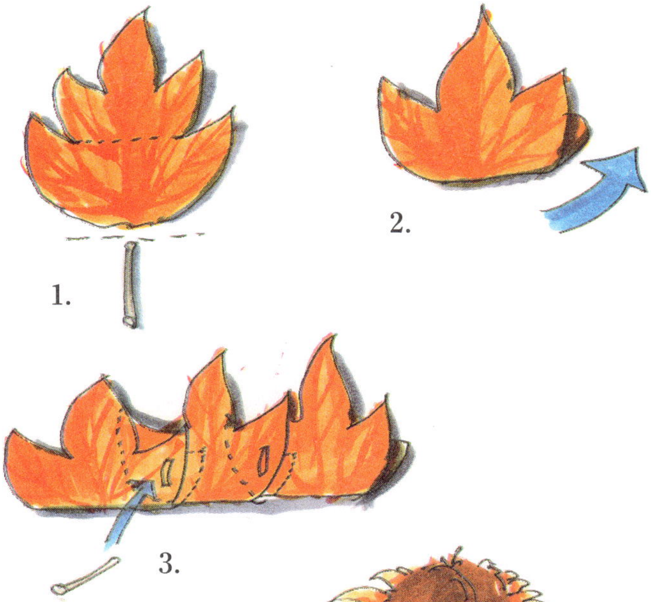

Man benötigt für eine Krone

– 10 bis 20 unbeschädigte, etwa gleich große Ahornblätter

Und so wird's gemacht

Die Stengel werden am Blattansatz abgetrennt und die Blätter direkt über den beiden unteren Fingern (siehe Skizze 1. und 2.) nach hinten geknickt. Die abgetrennten Stengel bitte nicht wegwerfen, sie werden später als Befestigungselemente benötigt! Die umgeknickten Blätter werden nun fächerweise ineinandergeschoben. Die Überlappung sollte dabei ungefähr ein Drittel der Blattbreite betragen
Im Bereich dieser Überlappung werden zwei kleine Schlitze in die Blätter geritzt. Durch diese Schlitze »fädelt« man nun die Blattstiele, wodurch die einzelnen Blätter miteinander verbunden werden (siehe Skizze 3.).
Auf diese Weise fährt man so lange fort, bis die Blattkrone auf das zu krönende Haupt paßt! Zum Schluß legt man Anfang und Ende der »Blätterschlange« zusammen und schließt die Krone ebenfalls mit einem Blattstiel.

Bernhard Lehnert

Die Hundehütte

Zu dem folgenden Gedicht wird ein Gestenspiel gespielt, wobei auch schon die Allerkleinsten voll Begeisterung mitmachen. Vor allem das Bellen macht riesig Spaß!

Eine Hütte bau' ich mir
für mein kleines Hundetier.
Beide Arme sind dabei –
eine schöne Spielerei.

Und nun spiel' ich meinen Hund,
bell' mit meinem Kindermund,
mache nicht zu knapp Radau,
rufe »wau, wau, wau, wau, wau«!

Kommt ein fremder Hund daher,
ärgert mich vielleicht dies sehr.
Und dann knurr' ich bissig laut.
Ihr kriegt eine Gänsehaut!

Plötzlich wird das Wetter schlecht.
Ach, das ist mir gar nicht recht!
Winde wehn mein kleines Haus
völlig um mit Sturmgebraus.
Schade! Und das Spiel ist aus.

Und so wird gespielt
Die Kinder sitzen am Tisch und stützen beide Arme mit den Ellenbogen auf die Tischplatte, so daß die Unterarme senkrecht nach oben zeigen. Die Hände berühren einander mit den Kuppen der Mittelfinger. So wird die Vorderfront einer Hundehütte angedeutet. Hinter dieser Vorderfront erscheint das Gesicht des Kindes, das nun seinen Hund nachmacht, indem es zunächst bellt und später dann knurrt. Den Wind deuten die Kinder an, indem sie »huu, huu!« rufen. Mit Sturmgebraus wird schließlich das Hundehäuschen zum Wanken, ja zum Einsturz gebracht. Die Unterarme schwanken entsprechend und sinken dann auf die Tischplatte.

Hans-Joachim Ludwig

Kastanienminigolf

Früh übt sich, was ein Golfer werden will! Und daß Golfspielen überhaupt nicht teuer sein muß, daß man außerdem auch keinem exklusiven Club beizutreten braucht, das beweist das Kastanienminigolf allemal: ein Schläger, selbstgebastelt, eine Kastanie, selbst gefunden, aus einfachsten Mitteln fantasievoll aufgebaute Stationen – das ist alles, was man braucht, um ein erfolgreicher Kastanienminigolfer zu werden.

Man benötigt für einen Golfschläger

- 1 lange Latte oder langes Rundholz
- 1 kurze Latte oder kleines Rundholz
- Nägel, Hammer

Und so wird's gemacht

An ein Ende der langen Latte nagelt man das kleine Brettchen in etwa rechtwinklig, und schon ist der Schläger fertig.

Beispiele für die Stationen

1. Man baut mit Bauklötzen eine Brücke. Die Kastanie muß unter der Brücke durchrollen.
2. Mit 2 Seilen wird ein schmaler Gang gelegt. Die Aufgabe ist hier, die Kastanie völlig durch den Gang zu rollen.
3. Mit Steinen kann man eine schöne Slalombahn legen. Bei dieser Station muß die Kastanie um die Steine herumrollen.
4. Wenn man viele bunte Herbstblätter gesammelt hat, kann man einen Blätterberg aufbauen. Die Kastanie muß durch das ganze Laub hindurchrollen.
5. Mit Kreide kann man Formen auf den Boden malen. Bei dieser Station muß die Kastanie entlang der Kreidelinie rollen.
6. Ein aufgeblasener Luftballon wird auf den Boden gelegt. Man versucht, den Ballon zum Fliegen zu bringen, indem man ihn mit der Kastanie kräftig anschubst.
7. Mit starker Pappe und Bauklötzen wird eine Sprungschanze aufgebaut. Die Kastanie muß mit Schwung über die Schanze rollen und landet dann in einem Körbchen – beziehungsweise sollte dort landen.

Zielstation kann ein gemeinsamer Sammelort für die Kastanien sein: ein Kreis aus Seilen, das Körbchen hinter der Sprungschanze und anderes. Am Ziel angelangte Kastanien können auch zu einer Kastanienschlange aneinandergelegt werden. Wenn man im Freien spielt, kann man hinter die einzelnen Stationen kleine Löcher graben, in die die Kastanie rollen muß. Für größere Kinder legt man das Loch auf einem kleinen Sandhügel an.

Andrea Heck

Fallobst

Und so wird gespielt

Dies ist ein sehr lustiges Spiel mit Überraschungseffekten – leider klappt es nur einmal!

Und so wird gespielt

Die Spielleiterin erklärt den Kindern das Spiel. Dabei ist die Unkenntnis der Spieler über den tatsächlichen Spielverlauf entscheidend. Sie erklärt, daß jeder der Spieler eine Herbstfrucht darstellt. Welche Frucht dem einzelnen Spieler zugeordnet wird, darf er seinen Mitspielern allerdings nicht weitersagen! Die Spielleiterin flüstert jedem Mitspieler eine Frucht ins Ohr. Was aber nur die Spielleiterin weiß, ist folgendes: zwei Spieler werden zur Eichel, einer zur Kastanie, und die übrigen bekommen alle den Apfel zugeflüstert. Nun stellen sich die Spieler zum Kreis auf und haken sich unter. Die Spielleiterin erzählt eine Geschichte, und immer, wenn eine Frucht genannt wird, muß sich diese auf den Hosenboden fallen lassen. Als erstes fällt im Laufe der Geschichte die Kastanie, und der genannte Spieler läßt sich fallen. Dann fallen die Eicheln vom Baum. Danach kommt wieder die Kastanie an die Reihe und dann erst der Apfel. Da die Mitspieler im Glauben sind, sie seien alleine Apfel und die nebenstehenden Mitspieler würden das Fallen – wie vorher bei den anderen Früchten ja auch – abmildern, lassen sie sich ohne Bedenken auf den Hosenboden plumpsen. Welch eine Überraschung und welch ein Gelächter, wenn plötzlich eine ganze Mannschaft hinfällt!

Karin Seyer-Sauke

Ach, hätt ich nur zwei Beine

Refrain
Ach, hätt' ich nur zwei Beine,
doch leider hab' ich keine!
Bin fest verwachsen hier am Ort
und lauf' dem Wetter niemals fort.

1.
Der Sommer singt sein Abschiedslied,
sagt uns, daß nun der Herbst einzieht.
Die Sonne geht schon früh nach Haus,
der Abend dehnt sich weiter aus.
Refrain: Ach, hätt' ich nur...

2.
Jetzt geht es richtig farbig zu,
mein Blätterkleid wird bunt im Nu.
Trägt nun die Farben Rot, Gelb, Braun;
im tristen Herbst schön anzuschaun.
Refrain: Ach, hätt' ich nur...

3.
Der Wind bläst kräftig durchs Geäst,
er rüttelt mich und schüttelt fest
und trägt all' meine Blätter fort.
Ich bleibe kahl zurück am Ort.
Refrain: Ach, hätt' ich nur...

4.
Dem Herbst folgt dann der Winter bald,
und draußen wird's oft eisigkalt.
Der Schnee liegt auf mir, naß und schwer.
Ach, wenn's nur wieder Sommer wär!
Refrain: Ach, hätt' ich nur...

Judith Rosch

Kastanientorte

Eine köstliche Herbstschlemmerei ist diese Kastanientorte, und sie kommt ganz bestimmt nicht nur bei Kindern hervorragend an! Aus den im folgenden genannten Zutaten kann man eine Torte (Springform mit 24 Zentimeter Durchmesser) zubereiten.

Zutaten für den Teig

– 500 g Eßkastanien (Maronen)
– 6 Eier
– 250 g Zucker
– 75 g gemahlene Mandeln
– abgeriebene Schale einer ungespritzten Zitrone
– 1/2 Teelöffel Zimt
– Fett für die Form

Für die Füllung

– 1/2 l süße Sahne
– 1 Päckchen Vanillinzucker

Für die Glasur

– 200 g Puderzucker
– 1 Eßlöffel Kakao
– 2 Eßlöffel Wasser

Und so wird's gemacht

Die Schale der Kastanien über Kreuz einschneiden, dann in einen Topf geben, knapp mit Wasser bedecken und zum Kochen bringen. Die Kastanien bei mäßiger Wärmezufuhr etwa 30 Minuten lang kochen, bis die Schalen aufplatzen. Nun gießt man das Wasser ab und läßt die Kastanien etwas abkühlen.
Dann die Kastanien schälen; dabei darauf achten, daß auch die hellgelbe Innenhaut sehr sorgfältig und vollständig entfernt wird. Anschließend die Kastanien im Mixer fein pürieren.
Die Eier trennen. Die Eigelbe in einer Schüssel mit dem Zucker schaumig schlagen. Die gemahlenen Mandeln, die abgeriebene Zitronenschale, den Zimt und das Kastanienpüree darunterrühren. Dann die Eiweiße steif schlagen und vorsichtig unter die Kastanienmasse ziehen.
Eine Springform (24 Zentimeter Durchmesser) sorgfältig einfetten und mit Backpapier auslegen, das ebenfalls eingefettet wird. Die Kastanienmasse einfüllen, die Form auf die unterste Schiene in den auf 180° C vorgeheizten Backofen stellen (Gasherd Stufe 3) und den Teig etwa 55

Minuten lang backen. Dann die Torte aus dem Backofen nehmen und etwas abkühlen lassen. Anschließend die Springform öffnen, die Torte auf ein Kuchengitter gleiten lassen, mit einem Küchentuch abdecken und an einem kühlen Ort über Nacht stehen lassen.
Am nächsten Tag die Torte mit Hilfe eines Bindfadens oder mit einem scharfen, langen Messer in der Mitte waagerecht halbieren. Für die Füllung die süße Sahne und den Vanillinzucker in eine Schüssel geben und steif schlagen. Die untere Kuchenhälfte dick mit der Sahne bestreichen und die obere Hälfte darauflegen.
Zum Schluß bereitet man die Glasur zu, indem man den Puderzucker mit dem Kakao vermischt und dann mit dem Wasser glattrührt. Bei Bedarf etwas mehr Wasser nehmen; die Glasur darf aber nicht zu dünnflüssig werden. Dann die Glasur auf die Torte geben und mit einem Messer auf der Oberfläche und an den Seiten gleichmäßig verstreichen.

Übrigens

Der Kuchen schmeckt auch ohne Sahnefüllung sehr gut. Man kann mit ihm zum Beispiel beim sonntäglichen Brunch Komplimente der ganzen Familie ernten.

Mirjam Bach

Gestern, heute, morgen

Na, wie war es gestern?
Da kamen meine Schwestern!

Und wie ist es heute?
Da kommen nette Leute!

Doch wie wird es morgen?
Ach, mach dir keine Sorgen!

Hans-Joachim Ludwig

Rezepte rund um die Nuß

Nußecken

Die angegebenen Zutaten reichen für zwei Bleche (etwa 40 Nußecken).

Für den Belag

– 200 g Butter
– 200 g Honig
– 2 Päckchen Vanillinzucker
– 4 Eßlöffel Wasser
– 200 g gemahlene Haselnüsse
– 200 g gehackte Haselnüsse

Man benötigt für den Teig

– 250 g Butter
– 160 g Honig
– 2 Eier
– 1 Prise Salz
– 500 g Dinkelmehl
– Fett für die Backbleche

Und so wird's gemacht

Für den Belag die Butter, den Honig, den Vanillinzucker und das Wasser in einen Topf geben und aufkochen lassen. Die gemahlenen und die gehackten Nüsse dazugeben und leicht bräunen.
Die Masse kalt stellen.
Für den Teig die Butter mit dem Honig, den Eiern und dem Salz schaumig rühren. Das Mehl dazugeben und unterheben, den Teig etwa 30 Minuten ruhen lassen. Dann den Teig ausrollen, auf gefettete Backbleche geben und mit einer Gabel einstechen.
Die Nußmasse auf den Teig verteilen und im vorgeheizten Backofen bei 180° C (Gasherd: Stufe 2) etwa 30 Minuten backen.
Den noch warmen Kuchen in Dreiecke schneiden und auskühlen lassen. Nach Geschmack Kuvertüre oder Karobschokolade im Wasserbad schmelzen und die Ränder der Nußecken eintauchen.

Nußbrot

Man benötigt für 1 Brot

– 400 g Weizenmehl
– 1/2 Päckchen Trockenhefe
– 1 Teelöffel Honig
– 1/4 l Milch
– 1 Teelöffel Salz
– 125 g gehackte Walnüsse
– Fett für die Form

Und so wird's gemacht

Das Mehl in eine Schüssel geben und in die Mitte eine Mulde drücken. Die Hefe, den Honig, die angewärmte Milch und das Salz in die Mulde geben und verrühren. Die Hälfte der Nüsse dazugeben und mit dem gesamten Mehl verkneten. Den Teig an einem warmen Ort zugedeckt gehenlassen, bis sich das Volumen verdoppelt hat.

Nun den Teig auf einer bemehlten Fläche zu einem Rechteck ausrollen, die restlichen Nüsse darauf verteilen und einrollen. Den Teig in eine gefettete Kastenform geben und nochmals 15 Minuten gehenlassen. Im vorgeheizten Backofen bei 170° C (Gasherd: Stufe 2) 40 Minuten backen.

Für »Süßschnäbel« gibt es dazu einen Schokoaufstrich (siehe nachfolgendes Rezept).

Schokobrotaufstrich

Man benötigt für ein Glas

- 100 g Sahne
- 145 g weiche Butter
- 130 g Honig
- 30 g Kakao- oder Karobpulver

Und so wird's gemacht

Die Sahne wird mit 20 Gramm Butter, dem Honig und dem Kakaopulver vermischt und in einem Topf erhitzt, bis die Butter geschmolzen ist (nicht kochen lassen!). Die Masse muß jetzt erkalten.

In der Zwischenzeit wird die restliche Butter mit einem Rührgerät schaumig gerührt.

Die erkaltete Schokomischung wird nun nach und nach mit der Butter vermischt.

Der Schokoaufstrich muß im Kühlschrank aufbewahrt werden!

Christiane Lindner

Windmühle

Man benötigt für 1 Mühle

- 1 Toilettenpapierrolle
- Papier zum Bekleben (Regenbogenpapier oder Buntpapier)
- rotes und weißes Tonpapier
- Schere
- Kleber
- 1 Zahnstocher
- 1 kleine Perle
- Schnur (30 cm)
- 1 große Perle

Und so wird's gemacht

Die Toilettenpapierrolle mit buntem Papier bekleben. Aus dem roten Tonpapier einen Kreis von 10 Zentimeter Durchmesser ausschneiden. Den Kreis an einer Stelle bis zur Kreismitte einschneiden, die beiden Schnittkanten übereinanderschieben – bis ein Kegel entstanden ist – und die beiden Teile miteinander verkleben (1.).
Nun aus dem weißen Tonpapier ein Windrädchen mit etwa 10 Zentimeter Durchmesser falten. In die Mitte des Windrades mit dem Zahnstocher ein Loch bohren und auf die Rückseite die kleine Perle kleben (2.). Die Toilettenpapierrolle auf halber Höhe ebenfalls durchbohren und den Zahnstocher durch diese hindurchstecken (3.).
An einem Ende der Schnur die Perle festknoten. Das andere Ende an einer Spitze des Zahnstochers festkleben. Auf die gegenüberliegende Spitze des Zahnstochers das Windrad aufstecken, bis die kleine Perle fest auf dem Zahnstocher sitzt (4.). Wenn man die Schnur auf den Zahnstocher wickelt und wieder aufzieht, dreht sich das Windrädchen.

Beate Wagner

1.

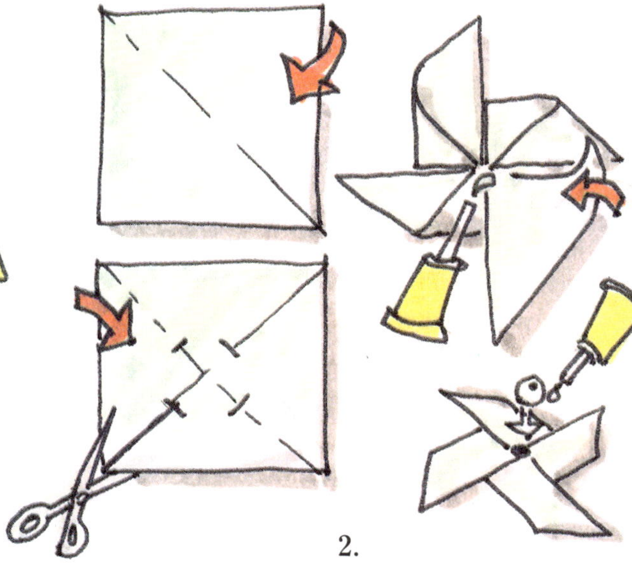

2.

3. und 4.

Taschentuchpuppe

Man benötigt für 1 Puppe

- ein großes Taschentuch
  oder ein 40 x 40 cm großes Stoffstück
- etwas Watte
- Wolle
- Klebstoff
- Kreppapier

Und so wird's gemacht

In die Mitte des ausgebreiteten Taschentuches wird ein Wattebausch gelegt (1.). Nun das Tuch zusammenfalten und mit einem Wollfaden den Kopf abbinden (2.). Arme und Beine erhält man, indem man an allen vier Zipfeln des Tuches einen Knoten macht. Nun wird noch die Taille abgebunden (3.).
Die Puppe kann jetzt nach Belieben geschmückt werden, indem ein Gesicht aufgemalt oder aufgeklebt wird, ebenso Haare. Aus Kreppapier kann man schöne Röckchen und Hüte herstellen. Der Fantasie sind hierbei keine Grenzen gesetzt.
Aus der Taschentuchpuppe ist auch ganz schnell eine Marionette gezaubert. Man befestigt an den Armen und am Kopf jeweils eine Schnur, die an ein Stöckchen gebunden wird. So ist die Puppe für ein Tischtheater bestens geeignet (4.).

Christiane Lindner

Rezepte rund um den Apfel

Herbstzeit ist Apfelzeit! Es gibt wenig, was besser schmeckt als ein frisch geernteter knackiger Apfel, aber auch als fruchtiger Bestandteil von unseren Rezepten ist er nicht zu verachten.

Apfeltörtchen

Man benötigt für ca. 12 Törtchen

Für den Teig

– 175 g Butter
– 150 g Zucker
– 3 Eier
– abgeriebene Schale einer unbehandelten Zitrone
– 75 g Mehl
– 150 g Speisestärke
– 1 gestrichenen Teelöffel Backpulver

Für die Füllung

– 250 g Äpfel
– 3 Eßlöffel Rosinen
– 3 Eßlöffel gehackte Mandeln
– 2 Eßlöffel Zucker
– 1 Teelöffel Zimt

Für den Guß

– 150 g Puderzucker
– Saft einer Zitrone

Außerdem

– Alufolie zur Herstellung der Backförmchen

Und so wird's gemacht

Aus der Alufolie werden Quadrate von 11 Zentimeter Seitenlänge geschnitten, über ein Glas gestülpt und entsprechend geformt. Die Förmchen auf ein Backblech setzen.
Für die Füllung werden die Äpfel geschält, geachtelt und in Scheiben geschnitten, mit den übrigen Zutaten vermischt und in die Förmchen verteilt.
Zur Teigherstellung die Butter mit dem Zucker verrühren, nach und nach die Eier und die Zitronenschale zugeben. Das Mehl, die Speisestärke und das Backpulver daraufgeben und verrühren. Je 1 Eßlöffel Teig auf die Apfelfüllung geben. Bei 200 bis 225° C (Gasherd: Stufe 3 bis 4) 30 bis 35 Minuten backen.
Nach dem Auskühlen können die Törtchen nach Belieben mit Puderzucker bestäubt werden, oder man stellt einen Zitronenguß her, indem man den Puderzucker mit dem Zitronensaft verrührt und die Törtchen damit überzieht.

Christiane Lindner

Gedörrte Apfelringe

Die ursprüngliche Methode des Dörrens war ganz einfach. Man fädelte Apfelringe auf eine Schnur und hängte sie zum Trocknen in die Sonne oder über den Kachelofen. Heute geschieht dies meist im Backofen.

Man benötigt dafür

- Äpfel
- Zitronensaft
- lange Schnüre oder Pergamentpapier

Und so wird's gemacht

Die Äpfel waschen, schälen, das Kerngehäuse ausstechen und die Früchte in Scheiben schneiden. Damit die Äpfel nicht braun werden, legt man sie in eine Schüssel mit Wasser, dem Zitronensaft zugefügt wurde. Wer nach der alten Methode verfahren möchte, muß folgendes beachten: Die aufgefädelten Ringe dürfen sich nicht berühren und sollten nach drei Tagen »Sonnenbad« getrocknet sein. Bei der »Backofenmethode« werden die gut abgetropften Apfelringe auf ein mit Pergamentpapier ausgelegtes Blech nicht zu nahe nebeneinandergelegt und bei 50° C etwa drei Stunden im Backofen getrocknet.

Christiane Lindner

Übrigens

Aus dem »Abfallprodukt« Schalen läßt sich ein guter Tee herstellen, indem man die Schalen – wie die Apfelringe – im Backofen trocknet. Diese getrockneten Schalen, in Gläser gefüllt, ergeben ein schönes Geschenk.

Apfelmichel

Man benötigt für ca. 6 Portionen

- 1/4 l Milch
- 6 alte Brötchen
- 3 Eier
- 3 Eßlöffel Honig
- 3 Eßlöffel Semmelbrösel
- 3 Eßlöffel Mandeln
- Zimt
- 4 Äpfel
- Fett für die Form

Außerdem

- Butterflöckchen
- Semmelbrösel

Und so wird's gemacht

Die Milch erhitzen. Die sechs alten Brötchen aufschneiden und in der heißen Milch quellen lassen. Die Eier trennen.
Wenn die Brötchen abgekühlt sind, die Eigelbe, den Honig, die Semmelbrösel, die Mandeln und etwas Zimt dazugeben
Die Äpfel kleinschneiden, unter die Masse heben und alles in eine gefettete Auflaufform füllen. Die Eiweiße zu Schnee schlagen und darübergeben. Butterflöckchen auf die Masse setzen und das Ganze mit Semmelbröseln bestreuen. Bei 150° C (Gasherd: Stufe 1) im Backofen etwa 45 Minuten backen. Dazu paßt Vanillesauce oder Vanilleeis.

Bernhard Lehnert

Hatschi

Schluß jetzt mit dem Barfußgehen!
Morgen ziehst du Strümpfe an!
Rolf, die Hitze ist vorüber!
Kühler wird es eben dann.

Bitte, keine finstre Miene!
Schnell bist du erkältet, nicht!
Schnupfen kriegst du dann, ich kenn' dich!
Zieh nicht wieder ein Gesicht!

Und die Jacke, wenn du rausgehst,
anzuziehn – vergiß es nie!
Hörst du, Junge, sei vernünftig!
Und da niest du schon. Hatschi!

Hans-Joachim Ludwig

Winter

Wie schnell geht ein Jahr zu Ende! Schon sind wir bei der kalten Zeit angekommen, die aber ganz genauso wie die übrigen Jahreszeiten einiges zu bieten hat. Allerdings ist das schönste am Winter, der Schnee, in einigen Gegenden unseres Landes ziemlich selten geworden – um so mehr freuen sich jung und alt, wenn es doch einmal geschneit hat und man einen Schneemann bauen kann. Außerdem geht es jetzt mit großen Schritten auf Weihnachten zu; fleißige Bastler haben Hochsaison. Daher gibt es auch in diesem Kapitel einige Vorschläge zum Selbermachen, die auch als Geschenke Anklang finden werden.

Im Winter, wenn's kalt ist

1.
Im Winter, wenn's kalt ist,
wird Regen zu Schnee;
es leuchtet und funkelt,
wohin ich auch seh'!

2.
Die Schneeflocken tanzen
und hüpfen im Wind,
bedecken die Dächer
und Straßen geschwind.

3.
Auch Wälder und Wiesen
sind nach kuzer Zeit,
verzaubert und tragen
ein schneeweißes Kleid.

4.
Im schützenden Wald
sind die Tiere versteckt
und schlafen so lang,
bis der Frühling sie weckt.

Judith Rosch

Tanz zum Lied »Im Winter, wenn's kalt ist«

Zur ruhigen und langsamen Melodie dieses Liedes kann man mit Kindern wunderbar einen kleinen Tanz durchführen, der mit einer Ruhephase endet und die Kinder auf das Hören einer weihnachtlichen Geschichte, zum Führen eines Gespräches... einstimmt.

1. Strophe

Die Kinder laufen in kleinen Trippelschritten durch den Raum und stellen pantomimisch die Kälte dar (Klopfen mit beiden Händen auf die eigenen Oberarme/Zittern).

2. Strophe

Immer paarweise fassen sich die Kinder an den Händen und tanzen und hüpfen durch den Saal.

3. Strophe

Die Kinder lösen sich wieder von ihrem Partner und »fegen« mit weit ausgebreiteten Armen durch den Raum; dies soll das Verzaubern der Landschaft in ein schneeweißes Kleid wiedergeben.

4. Strophe

Einige Kinder (vorher absprechen, welche) stellen sich in einer Ecke des Raumes zu einem »Wald« zusammen – stellen also Bäume dar, an die sich die übrigen Kinder schützend anlehnen können. An dieser Stelle setzt nun, wenn möglich, ein ganz leises Glockenspiel ein. Die Kinder verharren in dieser Stellung, bis das Glockenspiel aufhört.

Mirjam Bach

Schneemanns Freud und Leid

Der Schneemann scheint ein strenger Herr,
er droht mit seiner Rute.
Doch wozu Weinen und Geplärr?
Er tut uns nichts, der Gute.

Es sind die Augen finster meist
und kalt sind Leib und Beine.
So steht er da, allein, verwaist –
und stolz doch nur zum Scheine.

Die Sonne ist nicht gut für ihn.
Er liebt die rauhen Tage.
Wenn eisig kalt die Wolken ziehn:
für ihn kein Grund zur Klage.

Der liebe, gute Schneemann weint,
wenn's warm wird in der Nähe.
Er mag nicht, daß die Sonne scheint;
dann ist er gar nicht zähe.

Er schmilzt dahin, er ist nicht mehr.
Er wird ganz schlicht zu Wasser.
Er ist nicht eiskalt wie bisher.
Kein Mensch war jemals nasser.

Das ist des Schneemanns schlimmes Los:
Nur kurz ist stets sein Leben.
Doch nächstes Jahr wird's ganz famos
'nen neuen Schneemann geben.

Hans-Joachim Ludwig

Wintertraum

Dies ist wieder eine Vorlesegeschichte, die man auch zu einer kleinen Meditation nützen kann. Wie man eine solche Meditation mit Kindern zusammen durchführt, ist im Frühlingskapitel bei der Geschichte vom Zwiebelchen (Seite 19 bis 21) ausführlich beschrieben.

Und so geht die Geschichte

Es begann mit einem leisen Klingeln. Einem Klingeln wie von tausend kleinen Glasglöckchen. Laura, ein kleines Mädchen, wird wach von dieser wunderbaren Melodie. Sie befindet sich in einem weiß-silbernen, glänzenden Raum. Wie sie wohl hierher gekommen ist?
Sie will nachdenken, doch die vielen wunderschönen Dinge um sie herum lassen sie nicht zum Überlegen kommen. Was es hier alles gibt! Silbrige Eiszapfen hängen von der Decke herab, und tausend silberne Fäden spannen sich durch den Raum. Kristalle in den wunderschönsten Formen, Sterne, große und kleine, funkeln in Weiß und Regenbogenfarben. Glitzernde Bäume mit wunderbaren Früchten bilden einen kleinen Wald.
Laura versucht das Ende oder irgend etwas, was ihr vertraut ist – Ecken, Türen, Stufen –, zu erkennen. Aber der Raum sieht aus wie eine riesige silberne Höhle. Überall funkelt und glitzert es an den Wänden. Es beginnt zu schneien. Na so was – das kann doch kein Raum sein, nur draußen kann es schneien, und kalt ist ihr auch nicht. Nein, ganz warm und geborgen fühlt sie sich. Plötzlich erklingt eine Melodie. Wie von Harfen gespielt, kleine Glöckchen erklingen, und das Glucksen von Wasser ist zu hören. Laura ruft: »Wo bin ich?« – »Wo bin ich?« kommt das zarte Echo immer wieder zurück. Neugierig geht sie

durch diese silbrig glänzende Welt, der wunderschönen Melodie nach. Die Musik wird voller, klingender, jubelnder. Laura hat keine Angst, denn der Raum ist hell erleuchtet und so wunderbar, wie sie es sich nie vorzustellen gewagt hätte.

Jetzt kommt sie in einen zweiten Raum, ein kleiner Bach fließt in vielen Verzweigungen und über viele Kaskaden immer weiter, ohne daß Laura das Ende sehen kann.

Jetzt begegnen ihr auch Vögel und Eisblumen, Eisbären, Pinguine und Schneehasen, wie sie sie noch nie zuvor gesehen hat. Alles ist weiß und glänzt und wird durch Strahlen, die in den Raum fallen, zu den buntesten Regenbogenfarben erweckt. Alles kommt ins Klingen. – Laura ist fasziniert. Und plötzlich sieht sie »Sie«. Groß und schön, mit langem silbrigem Haar, auf dem eine Krone aus Schneekristallen sitzt, dazu trägt sie ein Kleid aus Tausenden von kleinen Spiegeln. Eine Frau, so schön wie in Lauras Märchenbuch. Das muß die Schneekönigin sein. Ja! – Die Schneekönigin sitzt auf einem weißen, verzierten, glänzenden Thron und lächelt Laura freundlich zu. Sie winkt sie herbei, und Laura hat keine Angst, doch etwas langsam und vorsichtig geht sie auf die Schneekönigin zu.

Laura sagt: »Wie schön du bist, gehört das alles dir, ist das dein Schloß?« – »Ja! Und ich habe auf dich gewartet; ich möchte dir das Reich des Winters zeigen, denn du bist mutig und hast dich bis in meinen Kristallpalast gewagt.«

Als Laura der Schneekönigin die Hand reichen will, hört sie ein Rufen: »Laura, Laura!« Das ist die Stimme von Mutter, denkt Laura. »Laura, du mußt aufstehen!« – »Ach nein, ich muß doch in das Reich des Winters!« – »Laura, der Kindergarten fängt gleich an!«

Laura wacht auf. »Och schade! Aber morgen Nacht, dann geh' ich mit der Schneekönigin in das Reich des Winters!«

Inge Weydmann

Adventskalender einmal anders

Heutzutage gibt es viel mehr Adventskalender zu kaufen als früher – alle Arten und immer öfter gefüllt, leider nach dem Motto: »Immer größer, toller und luxuriöser!« Dabei leider auch immer teurer. Wer nach einer anderen Art sucht, die Tage bis Weihnachten zu zählen, findet hier fantasievolle Vorschläge.

Adventskalender aus Joghurtbechern

Man benötigt dazu

- 23 leere Joghurtbecher in Glockenform
- 1 leeren Plastikbecher (z. B. Buttermilchbecher)
- 1 Stricknadel
- Feuerzeug oder Streichhölzer
- Bindfaden oder Garn
- Pappe
- 24 Perlen
- Flüssigfarbe
- Goldpapier
- Klebstoff

Und so wird's gemacht

Zunächst muß man sammeln, und zwar 23 normalgroße Joghurtbecher mit Ständer und einen großen, leeren Plastikbecher. In die Ständer mit einer heißen Stricknadel ein Loch bohren und in der Innenseite ein Stück Bindfaden oder Garn verknoten. Für jeden Becher ein Stück Pappe vorbereiten, mit gleichem Durchmesser wie der obere Rand der Becher. In der Mitte der Pappscheibe eine farbige Perle festnähen.
Die Becher mit kleinen Adventsgeschenken oder Zetteln mit Spielvorschlägen oder Geschichten füllen; den großen Becher für den 24. Dezember benutzen. Die Becher und die Pappscheiben mit Flüssigfarbe bemalen. Je nach Becherart sind 2 bis 3 Malarbeitsgänge zum Decken der Farbe notwendig.
Zum Schluß die Becheröffnungen mit den Pappscheiben verschließen und aus Goldpapier die Zahlen von 1 bis 24 und weitere Verzierungen auf die Becher kleben. Es wirkt gut, wenn der große Becher in der Mitte und die kleinen Becher um diesen herum an der Decke aufgehängt werden!

Betty Scheid

Bilderrahmenkalender

Man benötigt dazu

- quadratisches Origamipapier in unterschiedlichen Größen
- Geschenkband
- Klebstoff

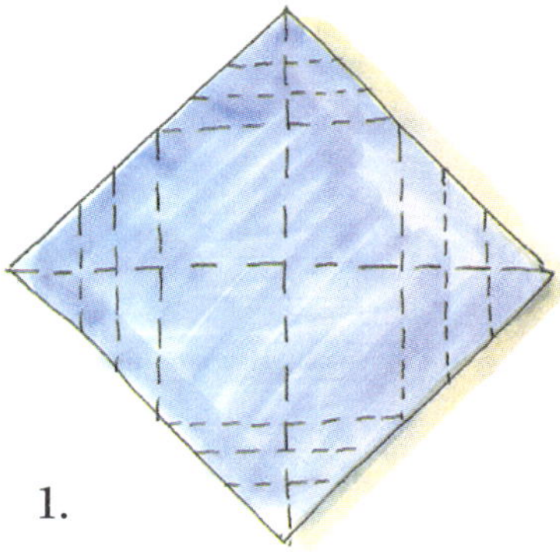

1.

2.

Und so wird's gemacht

Aus dem Origamipapier faltet man 24 Bilderrahmen in verschiedenen Größen und Farben. Dazu – wie auf Skizze 1. gezeigt – die Ecken an den gestrichelten Linien nach innen falten und festkleben (2.).

Als Aufhänger klebt man auf der Rückseite ein zur Schlaufe gelegtes Stück Geschenkband. Zum 1. Dezember werden die noch leeren Bilderrahmen dekorativ angeordnet an eine Wand gehängt.
Die Kinder sollen nun sammeln, was sich zum Einkleben in die Rahmen eignet und in die Weihnachtszeit paßt: einen Strohstern, einen Ausschnitt aus einem Geschenkpapier oder einer Weihnachtskarte, eine Abbildung aus einer Zeitschrift, eine Kinderzeichnung und anderes. Man sollte ruhig auch skurrile Fundstücke zulassen: ein besonderes Geschenkband, ein paar Nußschalen, ein Orangeneinwickelpapier usw.! Die Adventskalenderwand wird so besonders originell und lebendig.
Jeden Tag wird nun ein Bilderrahmen »gefüllt«, und anhand der leeren Rahmen können die Kinder auf einen Blick erkennen, wie lange die Wartezeit bis zum Weihnachtsfest noch ist.

Christiane Iffland

Das Adventsfenster

Man benötigt dazu

- weißes Klebeband
- Mehrtechnikfarben
- Pinsel
- Kleister
- Buntpapier

Und so wird's gemacht

Ein Fenster wird mit weißem Klebeband in 24 unterschiedlich große Felder aufgeteilt (zum Beispiel wie auf der Zeichnung unten). Jeden Tag wird in ein Feld etwas hineingemalt oder geklebt, zum Beispiel Zeichen und Symbole des Advents – wie Engel, Kerzen, Sterne, Krippefiguren, Tannenbäume, Motive aus Weihnachtsgeschichten usw.
Diese Form von Adventskalender läßt viel Freiraum zur freien Gestaltung mit Kindern. Er zeigt ihnen, wie lang sie noch warten müssen, und an Heiligabend ist das ganze Fenster so toll geschmückt, daß sich auch die vorbeigehenden Menschen daran erfreuen können.

Uta Teuber

Schneeberg süß

Die Zutaten dieser köstlichen Winterüberraschung reichen für einen Kuchen aus der Springform.

Man benötigt für den Teig

- 3 Eier
- 125 g Zucker
- 3 Eßlöffel heißes Wasser
- 125 g Mehl
- 1/2 Teelöffel Backpulver

Für den Belag

- 2 Becher Sahne
- 3 Päckchen Sahnefestiger
- 6–8 Eßlöffel Zucker
- etwas Zitronensaft
- 1000 g Quark
- 1 große Dose Pfirsiche

Und so wird's gemacht

Für den Teig die Eier, den Zucker und das Wasser schaumig rühren, bis der Zucker ganz vergangen ist. Dann das mit Backpulver vermengte Mehl daraufsieben und nach und nach unter die Schaummasse heben (nicht zu heftig rühren!). Die Masse in eine eingefettete Springform (24 Zentimeter Durchmesser) geben und im vorgeheizten Backofen bei 180° C (Gasherd Stufe 2) 10 bis 15 Minuten backen. Den Biskuit abkühlen lassen. Dann für den Belag die Sahne mit dem Sahnefestiger zu einer festen Sahnemasse rühren. Diese Sahnemasse, den Zucker und den Zitronensaft unter den Quark heben. Die Pfirsiche abtropfen lassen, in kleine Würfel schneiden und ebenfalls unterrühren. Die Sahne-Quark-Pfirsich-Masse auf den Biskuitboden geben und zu einer Halbkugel formen.

Martina Jochum

Schneebällchen

Wer diese süßen Kokosbällchen nach den Angaben des folgenden Rezepts bäckt, erhält etwa 50 Stück.

Man benötigt für den Teig

- 400 g Mehl
- 120 g Zucker
- 1 Prise Salz
- abgeriebene Schale einer ungespritzten Zitrone
- 1 Päckchen Vanillinzucker
- 1 Eigelb
- 250 g Butter oder Margarine
- Fett für das Blech

Für die Verzierung

- 3 Eiweiß
- 300 g Puderzucker
- 200 g Kokosflocken

Und so wird's gemacht

Alle oben genannten Teigzutaten zu einem Mürbeteig verkneten. Den Teig in Alufolie gewickelt etwa 1 Stunde ruhen lassen. Von dem Teig jeweils kleine Portionen abteilen und mit den Händen zu einer kleinen Kugel formen. Die »Bällchen« auf ein eingefettetes Backblech legen und im auf 180 °C vorgeheizten Backofen (Gasherd Stufe 2) 10 bis 15 Minuten backen, dann auf einem Kuchengitter etwas abkühlen lassen.
Aus den Eiweißen und dem Puderzucker (eventuell etwas Wasser oder Zitronensaft zugeben) eine streichfähige, glatte Glasur rühren und die Bällchen damit bestreichen.
Die Kokosflocken auf einen flachen Teller geben und die noch feuchten Bällchen darin wenden. Fertig sind die Schneebällchen, und die Schneeballschlacht am Kuchenbüffet kann beginnen. Wir wünschen guten Appetit!

Uta Teuber

Schneemann aus Toilettenpapierrollen

Dieser freundliche Schneemann schmilzt ganz bestimmt nicht weg, wenn die Sonne scheint. Man kann ihn sogar bis zum nächsten Winter aufbewahren.

Man benötigt dazu

- 3 Toilettenpapierrollen
- schwarzes Tonpapier
- weißen Karton
- Malstifte
- Klebstoff
- Bindfaden

Und so wird's gemacht

Eine Toilettenpapierrolle auf 8 Zentimeter Länge und eine andere auf 6 Zentimeter Länge kürzen. Die drei Toilettenpapierrollen aufeinanderkleben (siehe Skizze). Einen Hut aus dem schwarzen Tonpapier ausschneiden und an das 6 Zentimeter lange Stück Toilettenpapierrolle, den Kopf des Schneemanns, kleben.
Dem Schneemann wird nun ein freundliches Gesicht aufgemalt. 4 Knöpfe aus dem schwarzen Tonpapier ausschneiden und je 2 auf die beiden unteren Toilettenpapierrollen kleben.
Ein Stück weißen Karton (etwa 12 Zentimeter lang) rollen und daraus einen Besenstiel formen. Ein Stück schwarzes Tonpapier (etwa 2 x 5 Zentimeter) mehrmals etwa 1,5 Zentimeter tief einschneiden und diese »Besenborsten« um das Besenstielende kleben. Den Besenstiel am Schneemann festkleben.
Den Bindfaden (zum Aufhängen) am Hut des Schneemanns befestigen, und fertig ist der »kalte Geselle«. Wer den Schneemann lieber hinstellen möchte, braucht lediglich die untere Toilettenpapierrolle zweimal quer einzuschneiden und an diesen Stellen zwei feste Kartonstreifen von etwa 4 x 1,5 Zentimeter einzukleben.

Übrigens

Wenn man mehrere solcher Schneemänner gebastelt hat – vielleicht machen sich einige Kinder gemeinsam ans Werk –, kann man die kleinen Kunstwerke als Schneemannmobile aufhängen.

Martina Fickeisen

Schneemann zum Würfeln

Mit Hilfe eines Schneemanns kann man auch ein spannendes Würfelspiel spielen. Hier braucht man einfach Glück beim Würfeln!

Man benötigt dafür

- 1 großen Holzwürfel
- mehrere Bögen Papier (DIN A4) mit den Schneemannmotiven
- Farbstifte

Und so wird gespielt

Jedes Kind bekommt einen Bogen mit einem vorgemalten Schneemann (man kann den Schneemann auf der Zeichnung leicht durchpausen). Reihum wird nun gewürfelt. Hat man eine Eins gewürfelt, so darf das Schneemannteil mit der Eins bunt angemalt werden. Würfelt man eine Drei, so darf der Kopf angemalt werden usw. Würfelt ein Kind eine Zahl, die es bereits vorher gewürfelt hatte, muß es einmal aussetzen. Gewonnen hat das Kind, das seinen Schneemann als erstes ganz angemalt hat.

Martina Fickeisen

Kerzenhalter aus Knetresten

Knete sollte man nach einiger Zeit des Gebrauchs auswechseln. Die neue Knete kommt in die Dose, die alte Knete wandert in den Mülleimer. Aber das muß nicht sein! Wenn die Knete ausgewechselt wird, kann man mit der alten Knete noch hübsche Bastelarbeiten herstellen.

Man benötigt dazu

- alte Knetreste
- Früchte und Beeren des Gartens
- Blätter und kleine Zweige
- Rundholz in Kerzendicke (ca. 2 cm)

Und so wird's gemacht

Am meisten Material hat man zur Verfügung, wenn man das ganze Jahr über Früchte und Beeren des Gartens, Blätter und kleine Zweige sammelt. Alles wird fein säuberlich getrocknet und ordentlich in Kästen aufgehoben. (Wer keinen solchen Vorrat hat, kann getrocknete Materialien auch im Bastelgeschäft kaufen.)

Um den Fuß des Kerzenhalters herzustellen, nimmt man ein Stück von der alten Knete und formt eine Kugel daraus. Diese Kugel wird leicht auf ein Holzbrettchen gedrückt – so entsteht die spätere Stellfläche – und dann (bis auf den mittleren Teil, in den später die Kerze gesteckt wird) mit den Beeren und den anderen Naturmaterialien verziert.

Ganz besonderer Beliebtheit erfreuen sich bei den meisten Kindern Bucheckerschalen, Nußschalen und Vogelbeeren.

Sind alle Naturmaterialien fest angedrückt, wird mit dem Rundholz in den mittleren, nicht verzierten Teil eine Vertiefung von etwa 1 Zentimeter eingedrückt.

Stellt man diesen hübschen Knetkerzenständer mit dem Holzbrettchen auf einen Heizkörper, wird er sogar fest und verformt sich später nicht mehr.

Marina Schwintowski

Übrigens

Auf die gleiche Weise kann man auch kleine Schälchen aus alten Knetresten formen und mit Naturmaterialien verzieren.

Faltnikolaus

Der Faltnikolaus ist eine fantasievolle Tischdekoration für die weihnachtliche Tafel und dient gleichzeitig als Serviette.

Man benötigt für 1 Nikolaus

- 1 rote Papierserviette
- weißes Papier
- Farb- oder Filzstifte
- Schere
- Klebstoff
- weiße Watte

1.

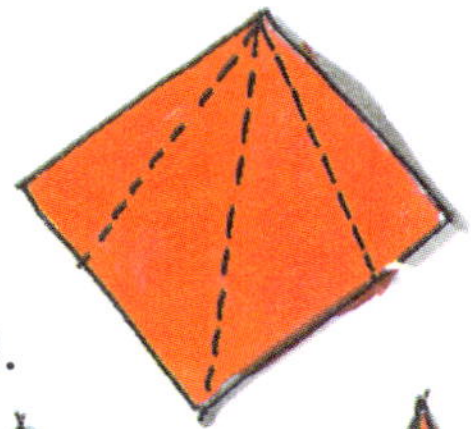

2.

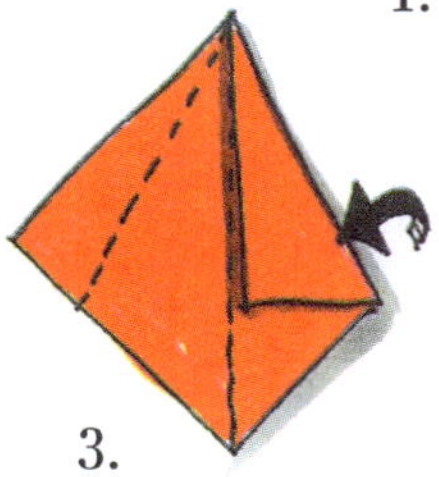

3.

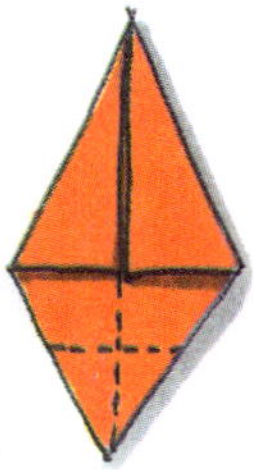

4.

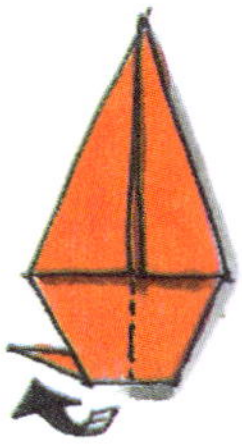

5.

6.

Und so wird's gemacht

Zuerst wird die Serviette diagonal gefaltet, so daß ein Dreieck entsteht, und dann wieder aufgeklappt (1.). Nun werden nacheinander beide Seiten bis zum Mittelbruch gefaltet (2. bis 4.). Zum Schluß wird die untere Spitze an der gezeichneten Linie nach hinten umgefaltet (5.). Nun bekommt der Nikolaus noch ein Gesicht aus weißem Papier, das man mit Filz- oder Farbstiften entsprechend bemalt, dann ausschneidet und aufklebt, sowie Bart, Mützen- und Jackenbommel aus weißer Watte (6.). Fertig ist die Tischdekoration für die Nikolausfeier!

Uta Schmidt

Übrigens

Aus Papier gefaltet, ist der Nikolaus auch eine hübsche Fenster- oder Zimmerdekoration.

Nun ist es wieder mal so weit

Refrain

Nun ist es wieder mal so weit,
man freut sich auf die Weihnachtszeit!
Die Zeit, in der man Freude schenkt
und nicht allein an sich nur denkt.

1.
Das Weihnachtsbackbuch liegt bereit,
vom Jahresstaub noch schnell befreit,
auch ist schon bald erfüllt die Luft
von köstlich süßem Plätzchenduft.
Refrain: Nun ist es wieder mal ...

2.
Zum Basteln bleibt uns endlich Zeit,
weil's draußen regnet oder schneit.
Gemütlich dann beim Kerzenlicht
hört man auch manchmal ein Gedicht.
Refrain: Nun ist es wieder mal ...

3.
Am Weihnachtsabend steht im Raum
ein buntgeschmückter Weihnachtsbaum
mit Sternen, Engeln, Glöckchen dran –
ein Kindertraum für jedermann.
Refrain: Nun ist es wieder mal ...

4.
Und endlich kommt der Weihnachtsmann,
trägt Mantel, Bart, hat Stiefel an.
In seinem großen, schweren Sack
sind alle Gaben eingepackt.
Refrain: Nun ist es wieder mal ...

Alternativstrophe
Der Opa spielt den
Weihnachtsmann,
weil er das noch am
besten kann.
Er hat in seinem
Gabensack
für jeden etwas
eingepackt.
Refrain: Nun ist es
wieder mal ...

Judith Rosch

Schüttelgläser

Schüttel- oder Schneegläser waren schon immer sehr bekannt und erfreuen sich auch in jüngster Zeit wieder größter Beliebtheit. Diese einmal mit einfachen Mitteln selbst herzustellen, bereitet auch kleineren Kindern großes Vergnügen. Je nach Wunsch können verschiedene Motive geformt und in das Glas gegeben werden. Das Motiv des Schneemanns ist für Kinder jeder Altersstufe nachformbar und auch der Jahreszeit entsprechend.

Man benötigt für 1 Schneemann

- backbare weiße Knetmasse
- weiße Wachsstiftreste (nichtwasserlösliche verwenden)
- Reibe- oder Spritzsieb
- nichtwasserlöslichen Kleber
- 1 altes Schraubglas (von Marmelade, Nougatcreme usw.)
- Wasser
- Dichtungsband (in Baumärkten erhältlich)

Und so wird's gemacht

Aus der weißen Knetmasse einen Schneemann formen. Dabei muß man darauf achten, daß die einzelnen Teile mit etwas Druck aneinandergefügt werden. Die Schneemänner sollten nicht breiter als die Öffnung des Schraubglases sein. Dies kann man ganz einfach testen, indem man das Glas vorsichtig über den Knetschneemann stülpt. Wenn der Schneemann fertig ist (beziehungsweise wenn alle fertig sind, falls mehrere Kinder mitmachen), wird er nach Gebrauchsanweisung (je nach Fabrikat 12 bis 20 Minuten lang) im Backofen gebacken. Zum schnelleren Abkühlen können die Knetfiguren in kaltes Wasser getaucht werden. Während des Backens kann bereits der »Schüttelschnee« hergestellt werden. Dazu reibt man weiße, nichtwasserlösliche Wachsstiftreste über eine Reibe oder ein Spritzsieb. Nach dem Backvorgang wird der Schneemann in den Schraubdeckel des Glases geklebt. In das Glas die geriebenen Wachsteilchen geben und mit Wasser bis etwa 0,5 Zentimeter vom oberen Rand auffüllen. Den Schraubdeckel mit dem angeklebten Schneemann auf das Glas schrauben. Zum Schluß den Rand des Schraubdeckels mit Dichtungsband abdichten.

Betty Scheid

Bizarre Schneekristalle

Dieser Bastelvorschlag zeigt, wie man mit sehr geringem Aufwand an Material attraktive Gegenstände herstellen kann, an denen ein Kind lange Zeit Freude hat oder die es auch verschenken kann.

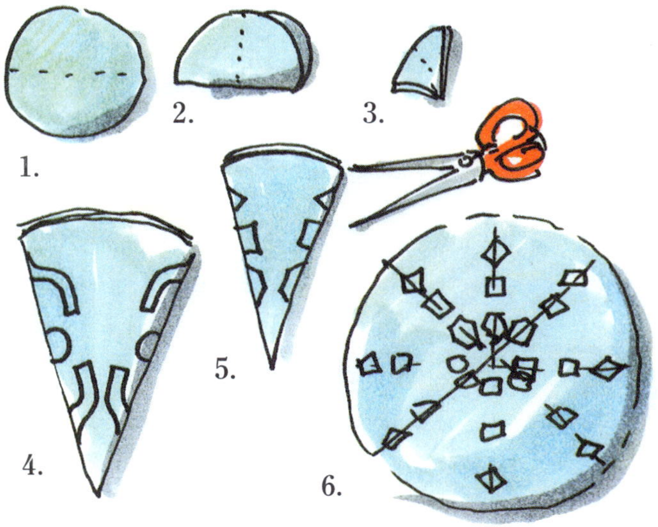

Man benötigt für 1 Schneekristall

- 1 runden, durchsichtigen Plastikdeckel von einem Joghurt- oder Quarkbecher
- weißes Papier
- Bleistift
- Schere
- Klebstoff

Und so wird's gemacht

Man legt den Plastikdeckel auf das weiße Papier und überträgt seinen Umriß mit Bleistift. Nun schneidet man das Papier entlang des Bleistiftkreises möglichst schön aus. Den Papierkreis faltet man dann zu einem Achtel, wie auf der Skizze gezeigt: einmal durch die Mitte (1.), so daß man einen Halbkreis erhält (2.), dann wieder durch die Mitte entlang der gestrichelten Linie (2.), so daß man einen Viertelkreis erhält (3.), und schließlich wieder entlang der gestrichelten Linie (3.) zum Achtel. Auf dieses Kreisachtel zeichnet man mit dem Bleistift ein beliebiges Muster (zum Beispiel wie 4. und 5.), schneidet es mit einer spitzen Schere aus und faltet den Kreis vorsichtig wieder auseinander (6.). Das so entstandene Schneekristall wird von hinten in den durchsichtigen Plastikdeckel geklebt. Wenn man mehrere solcher Schneekristalle herstellt (6 bis 8 Stück sollten es schon sein), kann man daraus ein wunderschönes Wintermobile basteln.

Christiane Iffland

Winterrätsel

Sagt mir schnell die
Jahreszeit,
wenn es draußen
stürmt und schneit!

(Winter)

Kalt und weich,
tut nicht weh,
das ist ...?

(Schnee)

Im Winter tanzt und schwebt im
kleinen weißen Röckchen das ...?

(Schneeflöckchen)

Er braucht keinen Motor,
er braucht keinen Wind.
Er trägt mich trotz allem
bergabwärts geschwind.

(Schlitten)

Vor unserm großen Haus,
da steht ein winzig kleines Haus.
Dort fliegen viele Gäste
ein und aus.

(Vögel)

Armer, armer Tropf,
hast auf dem Kopf
nur einen Topf.

(Schneemann)

Margot Weiß

Nun aber los – zur Rodelbahn!

Der Winterwind weht eisig. Puh!
Ich knöpfe meinen Mantel zu
und zieh' die Mütze ins Gesicht.
Jetzt merk' ich fast die Kälte nicht.

Ich bleib' doch heute nicht zu Haus.
Und schon geht's mit dem Schlitten raus!
Wer mag denn der da draußen sein,
so weiß und kalt wie Marmorstein?

»Ach, lieber Schneemann, guten Tag!«
Ein Bursche, den ich gerne mag.
Nun aber los – zur Rodelbahn!
Zuerst steig' ich ein Stück bergan.

Der Schlitten saust mit mir zu Tal.
Toll ist die Fahrt! Gleich noch einmal!
Ich freu' mich immer, wenn es schneit!
Viel Spaß bringt uns die Winterzeit.

Hans-Joachim Ludwig

Weihnachtliche Rezepte

Schokoladenmakronen

Man benötigt für etwa 60 Stück
– 100 g zartbittere Schokolade
– 250 g gemahlene Mandeln
– 4 Eiweiß
– 200 g Zucker
– Backpapier oder etwa 60 Oblaten

Und so wird's gemacht
Die Schokolade fein reiben und mit den gemahlenen Mandeln mischen. Die Eiweiße zu steifem Schnee schlagen, den Zucker nach und nach einrieseln lassen und so lange weiterschlagen, bis die Masse steif und glänzend ist. Das Schokoladen-Mandel-Gemisch vorsichtig mit einem Schneebesen unterheben. Mit zwei Teelöffeln kleine Häufchen auf das mit Backpapier ausgelegte Blech oder auf die Oblaten setzen und im vorgeheizten Backofen bei 180° C (Gasherd Stufe 2) etwa 12 Minuten backen.

Vanillekipferl

Man benötigt für etwa 80 Stück
– 200 g Mehl
– 50 g gemahlene Mandeln
– 50 g gemahlene Haselnüsse
– 70 g Zucker
– 1 Prise Salz
– 2 Eigelb
– 200 g kalte Butter
– Backpapier
– 6 Päckchen Vanillinzucker
– 1/2 Tasse Puderzucker

Und so wird's gemacht
Das Mehl mit den Mandeln und Nüssen mischen, den Zucker, das Salz, die Eigelbe und die kalte, in kleine Würfel geschnittene Butter dazugeben und alles zu einem Mürbeteig verkneten. In Folie gewickelt den Teig 2 Stunden im Kühlschrank ruhen lassen. Danach den Teig in etwa 5 Zentimeter lange, bleistiftdicke Röllchen formen, zu Hörnchen biegen und auf das mit Backpapier ausgelegte Blech setzen. Im auf 190° C vorgeheizten Backofen (Gasherd Stufe 2 bis 3) etwa 10 Minuten backen. Den Vanillinzucker mit dem Puderzucker mischen und die noch warmen Kipferl darin wenden.

Christiane Lindner

Mandelsplitter in der Weihnachtsbonbonniere

Mandelsplitter

Man benötigt für etwa 120 Stück

- 600 g Mandelstifte
- 200 g weiße Schokolade
- 200 g zartbittere Schokolade
- 200 g Vollmilchschokolade
- Backpapier
- evtl. Pralinenmanschetten

Und so wird's gemacht

Die Mandelstifte in einer trockenen Pfanne hellgelb rösten, wieder abkühlen lassen und in drei gleichgroße Portionen teilen. Die drei Schokoladensorten in Stücke brechen und jede Sorte für sich im heißen Wasserbad schmelzen lassen. Die Mandeln unter die Schokoladen mischen und mit zwei Teelöffeln von jeder Masse kleine Häufchen auf eine mit Backpapier ausgelegte Platte setzen. Im Kühlschrank oder in einem kühlen Raum über Nacht fest werden lassen. Wer möchte, kann die Mandelsplitter noch in Pralinenmanschetten setzen, bevor sie in die Bonbonnieren gefüllt werden.

Weihnachtsbonbonniere

Man benötigt für 1 Bonbonniere

- 1 altes Marmeladen- oder Einweckglas
- Wasser- oder Plakafarben oder Buntpapier
- Klarlack auf Wasserbasis
- Deckel oder Klarsichtfolie
- Stoffreste oder Goldfolie
- Zickzackschere
- Geschenkband

Und so wird's gemacht

Das alte Marmeladen- oder Einweckglas wird mit einfachen Weihnachtsmotiven (Tannenbäume, Sterne ...) bemalt oder beklebt und anschließend lackiert. Nachdem das so herausgeputzte Glas mit dem Konfekt gefüllt wurde, verschließt man es mit dem Deckel oder mit Klarsichtfolie. Ein Stück Stoff wird mit der Zickzackschere entsprechend des Glasdurchmessers plus 2 Zentimeter Rand ausgeschnitten und mit einem Band über dem Glas befestigt. Hübsch sieht es aus, wenn man anstelle des Stoffes Goldfolie nimmt. Gefüllt wird die Bonbonniere mit feinen Mandelsplittern.

Christiane Lindner

Lena bei den Tieren im Wald

Der Kalender zeigte den dritten Advent an, und die kleine Blumenfrau Lena hatte in ihrem Laden alle Adventskränze verkauft. Kein Wunder, denn Lenas Adventskränze waren bestimmt die schönsten in der Stadt.

Eigentlich wollte sie nun Weihnachtsplätzchen und einen Christstollen backen. Aber Onkel Ferdinand hatte bei ihr angerufen und um Hilfe gebeten.

Er war Förster und hatte ihr am Telefon gesagt: »Weißt du, Lena, in diesem Jahr hat es schon sehr früh geschneit. Sicherlich habt ihr in der Stadt auch eine Menge Schnee, aber hier liegt er bereits meterhoch. Und die armen Tiere im Wald finden gar nichts mehr zu fressen. Komm doch und hilf mir, Futter in den Wald zu bringen, damit die Tiere nicht verhungern müssen!«

Natürlich hatte Lena sofort zugesagt. Draußen war es recht kalt. Lena mummelte sich fest ein, damit sie nicht fror, steckte ihre Mundharmonika und – für Onkel Ferdinand – ein Päckchen Kaugummi in die Handtasche. Sie fuhr zwei Stationen mit der Eisenbahn und danach mit dem Bus bis zur Endhaltestelle.

Im Forsthaus wartete Onkel Ferdinand schon auf sie und goß gleich eine Tasse heißen Tee ein. Dazu bekam sie zwei schöne Hörnchen. Lena ließ es sich schmecken und gab dem Onkel das Päckchen Kaugummi. Der bedankte sich und sagte schließlich: »Jetzt aber los! Die Tiere warten schon auf uns.«

Die beiden sahen erst einmal nach dem großen Futterhaus im Garten und taten Körner und Talgstücke für die Vögel hinein. Da kamen sie auch schon angeflattert – die Finken und Meisen und Rotkehlchen – und pickten mit Begeisterung die Körner auf.

Lena lachte. »Guten Appetit!« rief sie den Vögeln zu. »Und frohes Fest!« Da geschah etwas, was Lena und erst recht nicht Onkel Ferdinand erwartet hatten. Die Vögel flogen auf die beiden zu und zwitscherten: »Danke, vielen Dank! Wir hatten schon großen Hunger. Und alles Gute!« Lena nickte: »Nichts zu danken! Aber überfreßt euch nicht!«

Dann schulterten sie und Onkel Ferdinand ihre Rucksäcke. Eicheln und Kastanien waren darin. Weil der Schnee so hoch lag, hatten die beiden die Skier angeschnallt. Und nun stapften sie Schritt für Schritt in den Wald hinein.

Der Weg führte leicht bergan. Überall waren die Fichten mit Schnee bestäubt. Endlich trafen die beiden am Futterplatz ein.

Lena staunte. Die Hirsche, die doch sonst so ängstlich waren und immer gleich flohen, wenn sie einen Menschen sahen – die Hirsche waren kaum noch scheu. Der Schnee und damit der Hunger hatten sie beinahe zutraulich gemacht. Jedenfalls sahen sie Lena und Onkel Ferdinand nur kurz mit großen Augen an, und dann kauten sie weiter: Heu, das sie dort fanden und das der Onkel eigens für sie in den großen Raufen einer Hütte aufgehäuft hatte. Manche Hirsche lagen in aller Ruhe auf der Lichtung vor der Hütte, eine Menge Heu vor sich, das sie sich von der Hütte dorthin geholt hatten, und kauten genüßlich. Der Schnee, auf den sie sich gelegt hatten, störte sie dabei offenbar überhaupt nicht. Nun packten

Lena und Onkel Ferdinand ihre Rucksäcke aus. Die mitgebrachten Eicheln und Kastanien verteilten sie über den ganzen Platz. Das waren Leckerbissen für die hungrigen Tiere. Lena hätte sie am liebsten alle gestreichelt und ihnen etwas auf der Mundharmonika vorgespielt, ein Waldlied vielleicht.

Aber Onkel Ferdinand sagte: »Das ist alles nichts für unsere Hirsche. Sie sind schließlich keine Streicheltiere; und Mundharmonikamusik erschreckt sie nur!«

»Schade«, sagte Lena und bot dem Onkel ein Hustenbonbon an. Der Onkel nickte und erwiderte: »Danke! Ein Hustenbonbon kann nicht schaden. Und für die Hirsche haben wir auch noch etwas Schönes: nämlich Salz!« – »Wie bitte?« sagte Lena. »Habe ich das richtige verstanden, Salz für die Tiere?«

»Ja, sicher!« entgegnete Onkel Ferdinand. »Was für dich eine Zuckerstange ist, das ist für Hirsche und Rehe das Salz.« Der Onkel hatte es in einer großen Tüte mitgebracht und streute es nun hierhin und dorthin, immer eine Handvoll, bis die Tüte leer war.

»Nun komm weiter«, sagte der Onkel. »Auch den Hasen wollen wir noch etwas bringen. Die kleinen Tiere haben es jetzt besonders schwer, durch den dicken Schnee auf den Waldboden zu gelangen und sich etwas zum Fressen zu suchen.« So streiften Lena und ihr Onkel durch den Wald und versorgten schließlich auch noch die kleinen Hasen. Schließlich gelangten sie wieder am Försterhaus an. Sie schnallten die Skier ab und gingen ins Haus. Da war es mollig warm, was den beiden nach der Kälte draußen sehr gut tat.

»Hat dir unsere Waldtour gefallen?« fragte der Onkel. »Es war wunderschön«, sagte Lena. »Und jetzt, wo ich weiß, daß die Tiere im Wald genug zu fressen haben, jetzt schmecken mir zu Weihnachten die Plätzchen und der Christstollen erst richtig gut.« Nach dem Abendessen überraschte der Onkel die Lena mit den schönsten Bratäpfeln, die man sich denken kann. Und zum Schluß zog Lena ihre Mundharmonika hervor und spielte ein schönes Weihnachtslied.

Hans-Joachim Ludwig

Der liebe, lange Winter

1.
Der Winter ist schon manchmal
ein rauher Kamerad,
mit dem man es ja wirklich
nicht immer einfach hat!
Oft treibt er mit uns Spielchen
und hält uns fest im Haus.
||: Bei seinen Temperaturen
hält man es sonst nicht aus! :||

2.
Er führt ein düsteres Leben,
hat's nicht so gerne hell,
drum bringt er lange Nächte,
die Tage gehen schnell.
So dauert es oft lange,
bis wir mal munter sind.
||: Doch müde werden alle,
noch eh' die Nacht beginnt! :||

3.
Wenn er so richtig auflebt,
wird's allerhöchste Zeit,
den Kleiderschrank zu räumen –
weg mit dem Sommerkleid!
Raus mit den Wintersachen –
viel Wolle ist gefragt!
||: Mit Mantel, Schal und Mütze
von Kopf bis Fuß verpackt! :||

4.
Und wenn er gut gelaunt ist,
zeigt er sich auch schon mal
von seiner besten Seite
mit einem Sonnenstrahl.
Schon sieht man glücklich strahlend
manch fröhliches Gesicht.
||: Vielleicht ist ja der Winter
kein ganz so ernster Wicht! :||

Judith Rosch

Spiele im Schnee

Drachenschwanzjagen

Wenn ein junger Hund seinen Schwanz jagt, ist das eine Sache; ganz was anderes ist es, wenn's ein Drache im Schnee tut!

Und so wird gespielt

Mindestens 10 Kinder stellen sich hintereinander auf und legen ihre Arme um die Taille des Vorderkindes. Dem letzten Kind in der Reihe wird ein etwas größeres Tuch so in den Hosenbund gesteckt, daß mindestens zwei Drittel des Tuches als »Schwanz« zu sehen sind. Um richtig in Fahrt zu kommen, läßt der Drache erst einmal ein paar ordentliche Brüller los. Mit dem Startzeichen beginnt der Drache nun, seinem Schwanz nachzujagen. Dabei muß das vorderste Kind versuchen, das Tuch am Schwanzende zu erwischen. Das Kniffelige an diesem tollen Geschlängel liegt darin, daß die vorderen und die hinteren Spieler gegeneinander kämpfen, daß aber die Kinder in der Mitte nie genau wissen,

auf welche Seite sie sich schlagen sollen. Gelingt es dem Kopf endlich, den Schwanz zu fassen – wer ist dann der Sieger und wer der Besiegte? – Alle! Der Kopf steckt sich jetzt das Tuch in den Hosenbund und wird zum Schwanz, während der zweite von vorne zum neuen Kopf wird. Was für ein Schauspiel, wenn zwei Drachen nach dem Schwanz des anderen jagen!

Bernhard Lehnert

Schneeballaufen

Im hohen Schnee oder auf einer glatten Rutschbahn macht dieses Spiel besonderen Spaß.

Und so wird gespielt

Jedes Kind hat einen Löffel in der Hand, auf den ein Schneeball gelegt wird. Nun kommt es darauf an, so schnell wie möglich zum Ziel zu laufen, ohne daß der Schneeball herunterfällt.

Schneefiguren

Einen einfachen Schneemann aus Schneewalzen können sicherlich alle Kinder bauen. Deshalb hier ein Varitionsorschlag.

Und so wird's gemacht

Jedes Kind macht sich aus Schnee eine kleine Schneewalze (wird der Kopf der Figur) und

betätigt sich dann als »Steinmetz«. Als Arbeitsgeräte können ein Löffel oder eine Spachtel dienen. Mit diesem Löffel versuchen die Kinder nun Nase, Mund, Augen, Wangen aus der Schneewalze herauszuarbeiten. Beine, Arme und Körper werden anschließend an den Kopf modelliert.
Entweder läßt man sich überraschen, was für eine Figur entsteht, oder aber man macht den Kindern einige Vorschläge wie zum Beispiel Hexe, Tiere, Märchenfiguren oder aber auch eine ganze Schneefamilie.
Besonders hübsch wird das Ganze, wenn man die entstandenen Figuren mit Steinen, Hüten, Stoffresten und anderen Materialien dekoriert.

Uta Teuber

Hut ab

Eine Gruppe von Kindern baut gemeinsam einen Schneemann und setzt ihm einen alten Hut auf. Nun versucht ein Kind nach dem anderen, dem Schneemann mit Schneebällen den Hut vom Kopf zu werfen.

Zielwerfen

Die Gruppe stellt sich in Kreisform um einen Eimer. Nun versucht jedes Kind, seine geformten Schneebälle in den Eimer zu werfen.

Variante

Als Ziel wird ein Baum, ein Zaun, ein Klettergerüst, ein Schaukelbalken oder ähnliches ausgewählt. Wer trifft als erstes das verabredete Ziel?

Wettbauen

Es werden mehrere (natürlich geichgroße) Kleingruppen gebildet, von denen jede einzelne Gruppe einen Schneemann (-frau) baut. Die Gruppe, die den größten Schneemann baut, ist Sieger dieser Spielrunde.

Variante

Wer formt die schönste Schneefigur (Eisbär, Pinguin, Katze, Hund, Dinosaurier …)? Die Gruppe kann hier anschließend raten, was der »Baumeister« geformt hat.

Stefanie Vieth-Efinger

Experimente mit Schnee und Eis

Schneeflocken sind faszinierende Gebilde, die ihre ganze Schönheit erst entfalten, wenn man sie in der Vergrößerung betrachtet. Außerdem eignen sich Wasser, Eis und Schnee hervorragend für eine Reihe einfacher Experimente, die Kindern Spaß machen.

Man benötigt dazu

- ein gutes Vergrößerungsglas oder ein Mikroskop
- trockenen, frisch gefallenen Schnee
- im Eisfach des Kühlschrankes vorgekühlte Glasplatte
- 3 Becher
- Wasser
- Kochtopf mit Deckel

Schneeflocken betrachten

Wenn man ein Vergrößerungsglas verwendet, kann man einzelne Schneeflocken im Freien betrachten; unter dem Mikroskop läßt sich der Schnee am besten auf einer vorgekühlten Glasplatte anschauen.

Und das wird beobachtet

Die Schneeflocken sehen wie kleine Sterne aus; man nennt sie auch Schneekristalle. Alle Schneeflockenkristalle haben 6 Ecken. Es gibt sehr verschiedene Formen. Im Zimmer schmilzt der Schnee auf der Glasplatte sehr schnell weg.

Aus Wasser Eis machen

Für dieses Experiment werden die 3 Becher mit Wasser gefüllt. Ein Becher bleibt drinnen stehen, den zweiten Becher stellt man in den Kühlschrank und den dritten nach draußen in den Schnee. Nach 1 bis 2 Stunden prüft man mit den Kindern die Becher.

Und das wird beobachtet

Das Wasser im Raum hat sich nicht verändert, das Wasser im Kühlschrank ist kälter geworden. Das Wasser, das im Freien stand, ist fest geworden (vorausgesetzt, daß draußen Temperaturen unter 0 Grad herrschen), es ist gefroren. Je kälter es draußen ist, um so schneller wird Wasser zu Eis.

Aus Eis Wasser und Dampf machen

Zuerst bespricht man mit den Kindern, wie man wohl am schnellsten aus dem Eis, das sich in dem Becher (der im Freien gestanden hat) befindet, wieder Wasser machen kann – indem man den Becher in einen geheizten Raum stellt, wenn man ihn mit den Händen festhält und so zu erwärmen versucht oder indem man das Eis auf einer Herdplatte erwärmt. Dann gibt man das Eis in den Kochtopf, legt den Deckel darauf und erhitzt es auf einer Herdplatte.

Und das wird beobachtet

Zuerst schmilzt das Eis, es wird zu Wasser. Durch die Kochplatte wird das Wasser weiter erwärmt und beginnt zu kochen. Schließlich entwickelt sich Dampf, und mit der Zeit verdampft das Wasser vollständig.

Achtung

Bei diesem Experiment darf man die Kinder nie unbeaufsichtigt lassen, denn an heißem Wasser und Wasserdampf kann man sich bekanntlich schwer verbrühen!

Der Schneemann

Welch seltsamer Riese
steht dort auf der Wiese?
Ist weiß überall,
sein Bauch dick und prall,
der Kopf wie ein Ball,
die Nase ein Rübchen.
Kommt lachend ein Bübchen
heraus aus dem Stübchen
und setzt ihm auf den Kopf
den ersten besten Henkeltopf.

Margot Weiß

Der Weihnachtsbaum

1.
Der Kerzenschein erfüllt den Raum,
es leuchtet und funkelt der Weihnachtsbaum;
so schön steht er da – wie im Traum.

2.
Ein Sternenmeer schmückt sein Gewand,
der blaugrüne Mantel ist weit aufgespannt;
am Hals trägt er ein goldenes Band.

3.
Die Krone schimmert hell im Licht,
mit Perlen besetzt, wirkt sie königlich;
der Anblick verzaubert mich.

4.
Das Weihnachtsglöckchen leis erklingt,
zu sanfter Musik bald ein Englein singt;
die heilige Weihnacht beginnt.

Judith Rosch

Zum Christfest

Weihnachtsstimmung mit Lametta.
Alle Welt wird immer netter.
Leider noch kein Schlittenwetter
und keins für die Schneeschuhbretter.
Oma, Onkel, Tante, Vetter,
zu Besuch mit ihrem Setter,
schmausen, werden immer fetter.
Weihnachtsstimmung mit Lametta.

Hans-Joachim Ludwig

Duftlampe

Weihnachtliche Stimmung wird meist durch das Aufstellen von Kerzen geschaffen. Damit es in geschmückten Räumen aber nicht nur weihnachtlich aussieht, sondern auch noch nach Weihnachten duftet, hier ein Gestaltungsvorschlag, wie man mit ganz einfachen Mitteln eine Duftlampe herstellen kann.

Man benötigt für 1 Lampe

- 1 runde Käseschachtel (Durchmesser ca. 11 cm)
- Schere
- deckende Farbe, z.B. Tempera-, Abtön-, oder Fingerfarbe
- evtl. feines Schmirgelpapier
- Lineal
- ein kleines Stück Wellpappe
- 1 Packung Schaschlikspieße
- evtl. Holzbeize
- alte Zeitungen
- Klebstoff
- 1 Blumenuntersetzer aus Ton (innen glasiert, unterer Durchmesser ca. 10 cm)
- 1 Teelicht
- Wasser
- ätherisches Öl oder Duftöl

Und so wird's gemacht

Aus dem Deckel der Käseschachtel den mittleren Teil herausschneiden; dabei einen Rand von etwa 3 Millimetern stehenlassen (1.). Den Boden und Deckel der Käseschachtel mit Farbe bemalen.

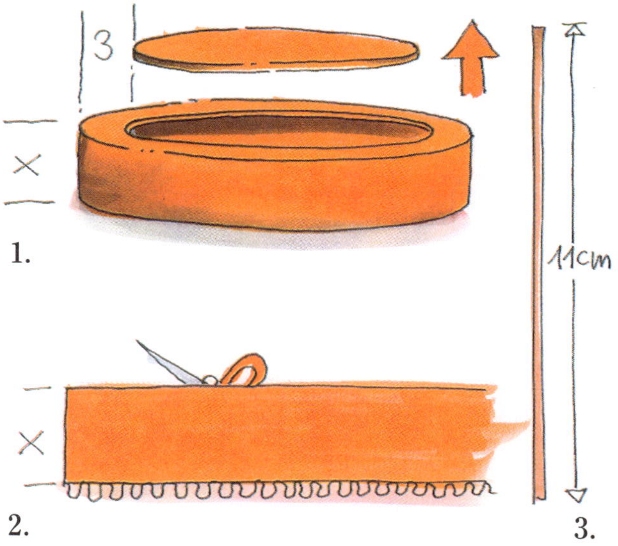

Eventuell sind zwei Anstriche erforderlich. Falls die Farbe nicht haften will (bei besonders glatten und glänzenden Kartons kann das passieren), hilft es, wenn man den trockenen Karton mit dem feinen Schmirgelpapier etwas aufrauht. Die anschließend aufgetragene Farbe hält dann besser.

Mit dem Lineal die Höhe der Schachtelränder ausmessen und von der Wellpappe zwei Streifen in dieser Höhe abschneiden. Die Länge dieser Streifen sollte dem inneren Kreisumfang des Deckels beziehungsweise des Bodens entsprechen (2.).

Die glatten Seiten dieser Wellpappenstreifen an die Innenseiten von Deckel und Boden kleben. Nun die Schaschlikspieße auf eine Länge von jeweils 11 Zentimeter zurechtschneiden (3.). Dabei darauf achten, daß alle Spieße genau gleichlang

sind! Die Spieße dann passend zu den Schachteln anmalen oder in flüssige Holzbeize tauchen. Danach zum Trocknen auf alte Zeitungen legen. Nach dem Trocknen jeweils etwas Klebstoff auf das untere Ende der Spießchen geben und in eine Öffnung der Wellpappe stecken. Auf diese Weise fortfahren, bis in jeder Öffnung des Wellpappenrings ein Hölzchen steckt.
Jetzt etwas Klebstoff auf das obere Ende jedes Hölzchens geben. Diese Enden jeweils in eine Vertiefung zwischen zwei Wellen im Deckel drücken und trocknen lassen (4.).
Die Duftlampe ist nun schon fast einsatzbereit; lediglich das Wasserschälchen zur Aufnahme des Duftöls muß noch besorgt werden. Dazu den inneren Durchmesser des Deckels ausmessen und im Gartenhandel einen Blumenuntersetzer aus Ton, der innen glasiert ist, kaufen.
Auf den Boden der Duftlampe ein Teelicht stellen, den Blumenuntersetzer auf den Deckel setzen, etwas Wasser und Duftöl (bekommt man

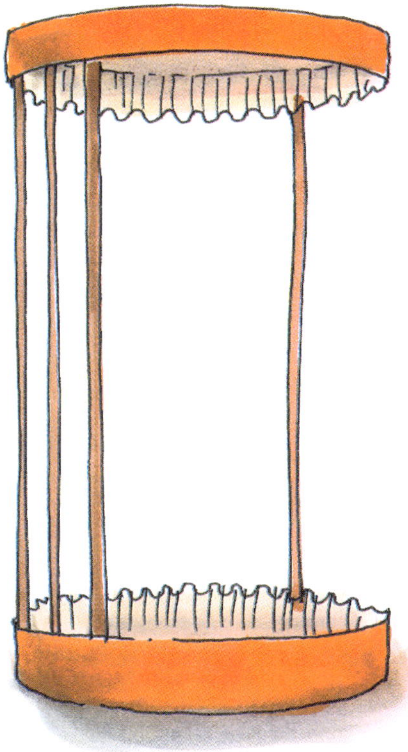

4.

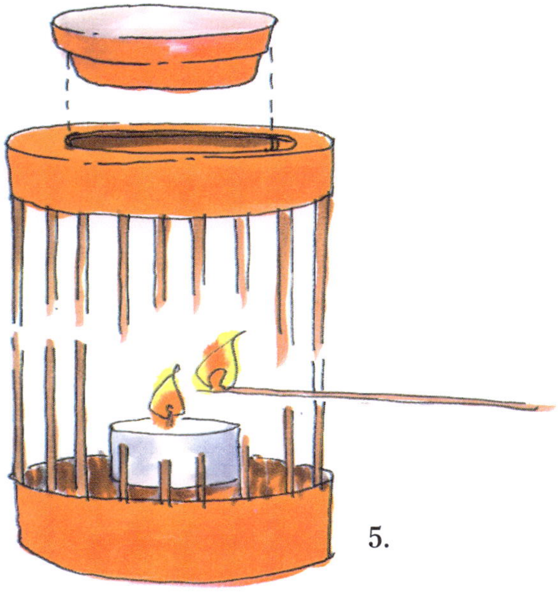

5.

in Reformhäusern, Naturkostläden und überall da, wo es Duftlampen gibt) einfüllen. Das Teelicht durch das Schaschlikspießegitter hindurch entzünden (5.), und schon duftet es im ganzen Raum nach ...

Christiane Iffland

Übrigens

Läßt sich kein passender Blumenuntersetzer finden, kann man ohne weiteres auch einen alten oder billigen Unterteller verwenden.

Achtung

Wenn das Teelicht in der Duftlampe brennt, darf das Wasserschälchen nie ganz leer sein – es könnte sonst kaputtgehen.

Geschenktüten

Man benötigt für 1 Tüte

- Stück Papier (mind. 30 x 30 cm)
- Kleber
- Locher oder Lochzange
- Kordel

Und so wird's gemacht

Eine Seite des Papiers etwa 2 Zentimeter nach innen falten und festkleben (bildet später den oberen Abschluß der Tüte). Nun das Papierstück so zusammenfalten, daß an einer Stelle etwa 1 Zentimeter übersteht. Diesen Streifen umfalten und ebenfalls nach innen festkleben. Man erhält so ein kleines Rechteck im Hochformat, die gemusterte Seite nach außen .

Am unteren Rand dieses Rechtecks die Mitte durch einen kurzen Hilfsfalz markieren. An dieser Hilfslinie entlang die linke und rechte Ecke einmal nach vorne und einmal nach hinten (»Berg- und Talfalte«) falten.

Entlang dieser Berg- und Talfalte die beiden Ecken nach innen – in die Tüte – drücken und glattstreichen. Jetzt liegen zwei Dreiecke übereinander, und die Faltarbeit gleicht einem auf dem Kopf stehenden Haus.

Das obere Dreieck nun nach oben klappen. Die beiden Spitzen der Dreiecke werden so, wie es die Zeichnung zeigt, übereinandergefaltet und gut festgeklebt. Sie bilden die Bodenfalte der Tüte.

Für die Seitenfalten der Tüte faltet man rechts und links den Rand bis zu den Dreiecken nach vorne und nach hinten um (wieder »Berg- und Talfalte«).

Mit viel Gefühl nun die Seitenfalten in die Tüte drücken, die Mittelfalte nach innen nachfalzen und die Tüte aufstellen.

Am oberen Tütenrand mit einem Locher oder einer Lochzange Löcher für die Kordel anbringen. Wenn man rechts und links jeweils durch Tütenwände und Seitenteile locht (einmal lochen ergibt vier Löcher), läßt sich die Tüte später oben sehr gut zuziehen.

Danach zieht man eine Kordel (oder etwas ähnliches) durch die Löcher und verknotet sie von innen in der Tüte.
Falls eine Verstärkung des Bodens gewünscht wird, kann man einfach einen Streifen Karton im Format der Bodenfalte schneiden und in die Tüte legen beziehungsweise am Boden der Tüte festkleben.

Christiane Iffland

Übrigens

Eine solche Geschenktüte eignet sich auch hervorragend zum Verschenken von selbstgemachten Köstlichkeiten wie beispielsweise die auf Seite 153 beschriebenen Mandelsplitter. Bevor man Eßbares in die Tüte füllt, sollte man sie mit einer Papierserviette oder lebensmittelgeeigneter Plastikfolie auskleiden, damit sie keine häßlichen Fettflecken bekommt.

Winter

Eins, zwei, drei und vier;
einen Schlitten hab' ich hier!
Fallen Flocken, sacht und leise,
geh' ich auf die Rodelreise.

Fünf und sechs und sieben,
weicher Schnee beginnt zu stieben.
Fahre ich den Berg hinab,
reißt der Wind die Mütze ab!

Acht und neun und zehn,
Schlitten, Schlitten, bleibe stehn!
Siehst du nicht, wohin ich rase
Bums, nun lieg' ich auf der Nase!

Margot Weiß

Regen, Wind und Sonnenschein

Dieses Kapitel dreht sich ums Wetter, das ja bekanntlicherweise macht, was es will. Regen, Wind und Sonnenschein gibt es zu jeder Jahreszeit, und daher kann man sich mit den Spielen, Gedichten, Bastelarbeiten, die die folgenden Seiten bereithalten, auch das ganze Jahr über nach Lust und Laune beschäftigen. Wie wäre es zum Beispiel, die Reise eines Wassertröpfchens nachzuvollziehen, ein Windspiel zu bauen oder mit gelben Gummistiefeln plitsch, platsch durch Pfützen zu hopsen?

Der musikalische Regen

Refrain

Tröpfel, tröpfel, tröpfel, prassel, platsch –
regnet's auf den Boden, wird es Matsch.

1.
Hast du schon mal zugehört, wenn
der Regen singt? Und dann an die
Scheibe klopft, weißt du, wie das klingt?
Refrain: Tröpfel, tröpfel …

2.
Hast du schon mal zugehört, wenn
der Regen singt? Und dann auf das
Blechdach tropft, weißt du, wie das klingt?
Refrain: Tröpfel, tröpfel …

3.
Hast du schon mal zugehört, wenn
der Regen singt? Und dann an die Türe
klopft, weißt du, wie das klingt?
Refrain: Tröpfel, tröpfel …

4.
Hast du schon mal zugehört, wenn
der Regen singt? Und dann auf die
Steine tropft, weißt du, wie das klingt?
Refrain: Tröpfel, tröpfel …

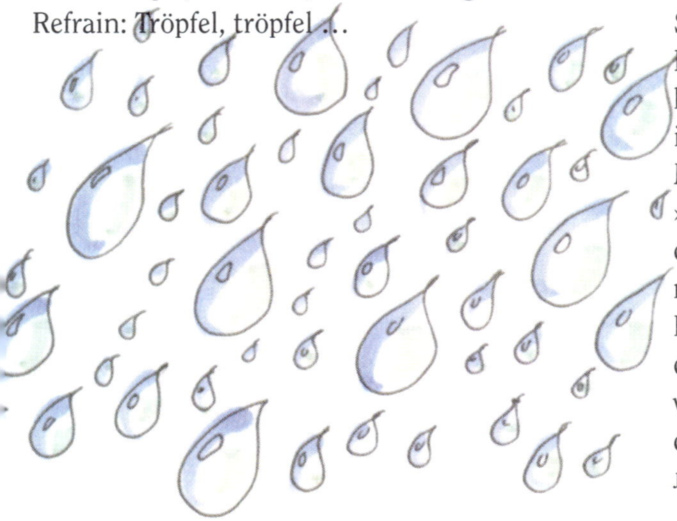

5.
Hast du schon mal zugehört, wenn
der Regen singt? Und dann auf die
Schirme tropft, weißt du, wie das klingt?
Refrain: Tröpfel, tröpfel …

Übrigens

Wenn man die Möglichkeit hat, nach Herzenslust mit Wasser zu plantschen, kann man den musikalischen Regen noch anschaulicher darstellen, indem man die konkreten Regengeräusche produziert. Beispiele zu den einzelnen Strophen – jeweils dargestellt mit Hilfe einer Gießkanne: erst tröpfeln, dann prasseln (Gießkannen-Aufsatz; Brause), dann platschen (Gießkanne auf einmal völlig entleeren).
Möglicher Untergrund zu den einzelnen Strophen, auf den es »regnen« könnte:
1.) auf alte Scheibe; Spiegel etc.
2.) auf Blechdosen (Konserven); große Tonne etc.
3.) auf Tische, Holzkisten etc.
4.) im Freien auf Steine; tägliches Erleben
5.) Schirme aufspannen – oder im Regen unter Schirmen spazieren gehen und dazu singen.
Diese Veranschaulichung beziehungsweise konkrete Darstellung kann man im Lied einbringen, indem man den Refrain zweimal singt: das erste Mal vollständig, beim zweiten Mal wird von »Tröpfel« bis »Platsch« alles konkret dargestellt, das heißt ohne Gesang. Nur der Schluß, ab »regnet's…« wird wieder gesungen.
Die vorgestellten Strophen sollen nur zum Anreiz dienen; das Lied kann endlos weiter gesungen werden – es gibt ja noch so viele Dinge, auf die der Regen tropft. Viel Spaß beim Ausprobieren!

Judith Rosch

Wind-und-Wetter-Gedichte

Der Regen

Der Regen soll sauer sein,
schon viele Jahre, sagt man.
Ich kann zwei Stunden sauer sein,
manchmal auch drei.

Der Himmel

Der Himmel kann
weinen,
ohne zu schluchzen.

Wetter?

Wie ist das Wetter draußen?
Ich kann's nicht sehen!
Es nebelt!

Hitze

Ich schwitze wie ein Braten
und fühl' mich schon ganz schlapp.
Ich werde meinen Eltern raten
ganz einfach, kurz und knapp:
»Besorgt mit schnellstens 10 Pfund Schnee.
Jedoch, wenn das zu schwierig wird,
tut's auch das Eiscafé.«

Peter Schäfer-Oswald

Glatte gelbe Stiefel

In eine flache Pfütze
sprang ich mit viel Gespritze.
Sie war nicht flach, nein tief,
das schwimmig kalte Wasser lief
zu meinen Käsefüßen
und ließ sie sehr schön grüßen,
von Stiefeln, glatten, gelben,
und zwar von zwei derselben.
Die stehn zu Haus und warten
auf Pfützen aller Arten
und auf viel Matsch.
Quietsch, quatsch,
plitsch, platsch.

Peter Schäfer-Oswald

Wind- und Blätterrhythmik

Dies ist ein rhythmisches Bewegungsspiel, das man mit einer größeren Kindergruppe durchführen kann. Die Kinder stellen die Blätter eines Baumes dar.

Man benötigt dazu

– Kreide oder Seile
– Tamburin mit Schlegel oder ähnliches (auch selbstgebasteltes) Instrument

Und so wird gespielt

Im Freien malen die Kinder mit Kreide einen großen Baum mit weit ausladenden Ästen auf den Boden; drinnen legen sie den Baum mit Seilen. Dann verteilen sie sich als Blätter an den Ästen.
Die Spielleiterin/der Spielleiter ahmt das Geräusch des Windes nach, indem sie/er mit dem Schlegel über das Fell des Tamburins streicht. Die Blätter neigen sich dazu langsam hin und her. Der Wind wird allmählich stärker – die Blätter bewegen sich entsprechend heftiger.
Ein Windstoß – ein Blatt löst sich und wirbelt herum. Ein zweites und ein drittes folgen, bis sich alle Blätter von Baum gelöst haben.
Die Blätter wirbeln alle durcheinander – die Kinder drehen sich beim Laufen um sich selbst, wobei aber keines das andere anstoßen sollte.
Der Wind läßt nach – die Blätter schweben langsam zur Erde nieder.
Der Wind bläst durch den Blätterhaufen hindurch – einzelne Blätter werden wieder aufgehoben und wirbeln nochmals herum, bis sie allmählich wieder niederfallen.
Der Wind ist dabei schwächer geworden und hört nun ganz auf.
Es kommen dunkle Wolken auf. Es beginnt zu regnen. Die Blätter werden immer fester auf den Boden gedrückt.
Der Regen hört langsam auf. Die Blätter trocknen und heben sich wieder etwas vom Boden ab.
Ein starker Sturm kommt auf und weht alle Blätter zur Tür hinaus.
Ende der Vorstellung!

Christa Alt

Ein Blitz schlägt ein

Zu dem folgenden Gedicht kann man ein Gestenspiel durchführen, das auch kleinen Kindern schon viel Spaß macht.

Seht den Aussichtsturm dort vorne!
Fein! Wir klettern alle rauf.
Doch nun fängt es an zu regnen.
Da! Ein Blitz! Es hört nicht auf.

Schnell! Wir laufen wieder runter.
Peng! Ein Blitz schlägt oben ein.
Au! Schon brennt es. Feuer! Feuer!
Brandschutz müßte schnell hier sein.

Feuerwehr kommt angefahren.
Wasser spritzt da aus dem Schlauch.
Bald verlöschen alle Flammen.
Und der Rauch verschwindet auch.

Hans-Joachim Ludwig

Und so wird gespielt

Der linke Arm wird angewinkelt, so daß der Unterarm senkrecht den Aussichtsturm darstellt. Mit Zeige- und Mittelfinger der rechten Hand wird das Hinaufklettern angedeutet. Wenn es blitzt, »laufen« Zeige- und Mittelfinger wieder hinunter. Dann schnell die rechte Hand – als Blitz – auf den Turm zu.

An der Textstelle »Schon brennt es. Feuer! Feuer!« bewegen sich die Finger der linken Hand wie Flammen. Die Fahrt der Feuerwehr wird mit der rechten Hand dargestellt. Dann deutet der Zeigefinger der rechten Hand den spritzenden Schlauch an.

Das Bewegen der linken Hand (Darstellung des Feuers) ebbt nach und nach ab, bis das Feuer ganz gelöscht ist und die Hand ruhig stehenbleibt.

Hans-Joachim Ludwig

Das Tanzfest der Windvögel

Mit einer Gruppe von Kindern kann man zu dieser Geschichte auch tanzen. Die Kinder bewegen sich wie die Windvögel und schwingen bunte Kreppapierbänder, die die Schwänze der Vögel darstellen.

Und so geht die Geschichte

Zum Tanzfest der Windvögel sind alle roten, blauen, großen und kleinen Windvögel eingeladen. Es soll ein fröhliches Fest werden, und alle sind gekommen, um Spaß zu haben und Freundschaften zu schließen.

Bevor der Tanz beginnt, meldet sich der große, rote Windvogel zu Wort. Er sagt mit lauter Stimme: »Ich bin der Meinung, daß zuerst die großen Windvögel tanzen sollen, denn die kleinen können es doch noch nicht, die haben zuviel Angst vor dem Wind!« – »Das stimmt, wir tanzen nur alleine!« rufen die großen Windvögel. »Wir möchten aber mittanzen, wir haben keine Angst vor dem Wind!« rufen die kleinen Windvögel. Es hilft nichts, die großen setzen sich durch, und als der Wind einsetzt, beginnt der Tanz. Die großen Windvögel sind nun in der Luft und zeigen ihre Kunststücke. Sie wiegen sich im Wind,

einmal nach rechts, dann nach links. Ihre wunderschönen, bunten Schwänze wedeln mal schnell, mal langsam, nach unten, nach oben. Die kleinen Windvögel schauen zu und müssen gestehen, daß sie doch noch nicht so was Tolles können, aber sie hätten es doch so gerne lernen wollen.
Plötzlich verschwinden die großen in den Wolken, und als sie nach einer Zeit zurückkehren, sind alle sehr aufgeregt, denn der große, rote Windvogel ist nicht dabei. Sie erzählen, daß er sich in den Ästen des höchsten Baumes verfangen hat, und sie hätten ihn nicht befreien können.
Die kleinen Windvögel überlegen nicht lange und starten los. Sie fliegen geradewegs zu dem hohen Baum. Von weitem sehen sie den roten Windvogel leuchten. Er sieht ganz schön mitgenommen aus. Da sie klein sind, kommen sie ganz gut zwischen den Ästen hindurch, tragen den großen, roten Windvogel heraus und bringen ihn sicher zur Erde.
Er ist noch etwas benommen, wird mit Heftpflaster zusammengeklebt, und es kann wieder losgehen. Doch bevor der Tanz wieder beginnt, sagt der große, rote Windvogel beschämt: »Ich möchte, daß auch die kleinen Windvögel an diesem Tanz teilnehmen, denn sie sind tapfer und mutig, ich danke ihnen, daß sie mich befreit haben.«
Somit ist das Tanzfest doch noch zu einem fröhlichen Fest geworden, denn die großen Windvögel nahmen sich der kleinen Windvögel an, und sie stellten sich paarweise auf, so daß der Tanz beginnen konnte. Zuerst wiegten sich alle nach rechts, dann nach links, und alle bunten Schwänze wedelten mal langsam, mal schnell, mal nach oben, mal nach unten. Dann flogen sie auseinander, um wieder einen Kreis zu schließen. Mit dem Sonnenuntergang kamen sie alle mit einer Polonaise zurück zur Erde.

Brigitte Meertens

Windspiel

Ein Windspiel ist ein zusammengesetztes Instrument, das heißt es gibt anderen Gegenständen, die von selbst klingen, zum Beispiel Glöckchen, die Möglichkeit, mit Hilfe des Windes aneinanderzuschlagen und so lauter zu klingen. Es müssen jedoch nicht unbedingt Glöckchen sein, die dieses Windspiel zum Klingen bringen; in der folgenden Bastelanleitung werden einfache Haushaltsgegenstände zum Windspiel umfunktioniert.

Man benötigt für 1 Windspiel

- 1 Teesieb
- Nägel
- Kronkorken
- Flaschenöffner
- Löffel
- alte Schlüssel
- Zwirn
- Schere
- Leim
- Klebstreifen
- Hammer

Und so wird's gemacht

Am besten legt man zuerst fest, ob man ein Windspiel aus verschiedenen Gegenständen zusammensetzt oder ob man sich auf eine Sorte Gegenstände konzentriert. Diese Gegenstände legt man sich bereit. Bei einem kleinen Teesieb nicht zu viele, maximal 7, da sich sonst die Fäden verwirren.

Für jeden Gegenstand schneidet man einen 25 bis 30 Zentimeter langen Zwirnsfaden zu (bei den einzelnen Gegenständen beachten, daß die Größe verschieden ist – die Fadenlänge entsprechend anpassen). Nun nimmt man das Sieb und fädelt – am besten mit einer Einfädelhilfe (im Nähkasten nachschauen) die einzelnen Fäden in das Sieb ein. Die Anordnung ist dabei beliebig – bei vielen Gegenständen, zum Beispiel wenn man viele Nägel verwendet, empfiehlt es sich, die Fäden zuerst in einem inneren kleinen Kreis und dann in einem äußeren großen Kreis (am Teesiebrand) einzufädeln.

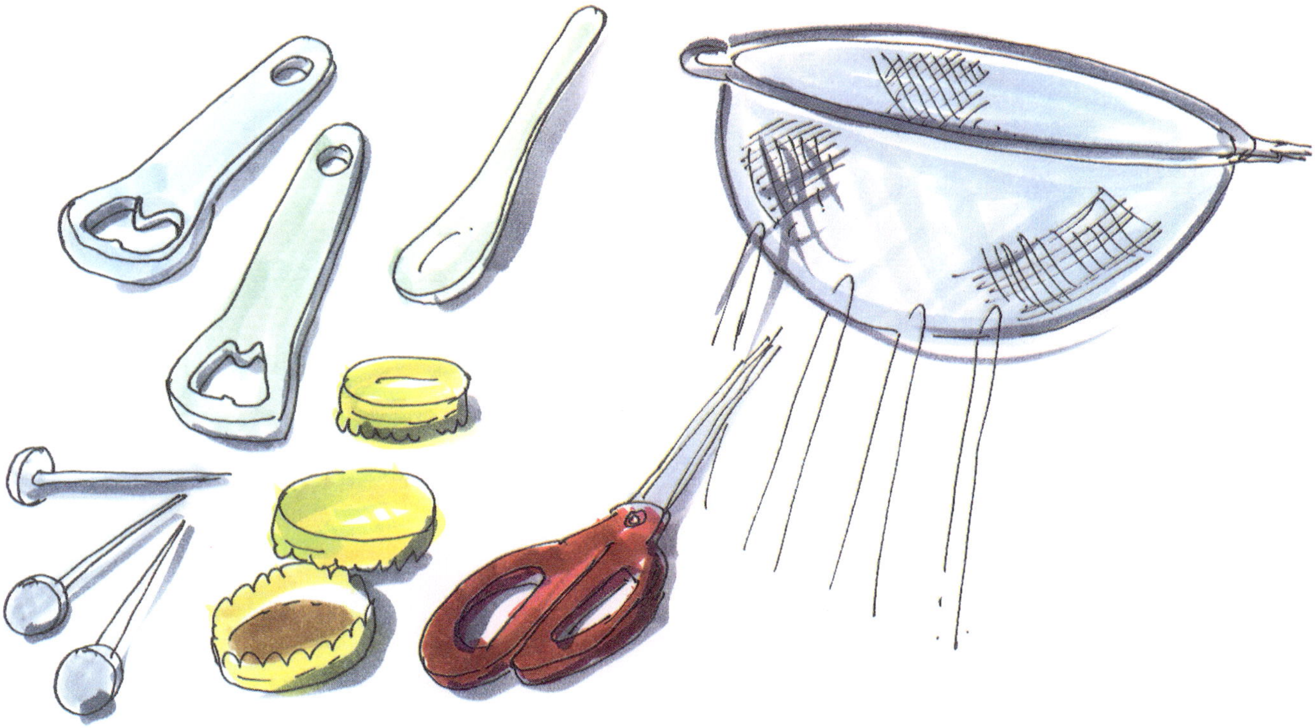

Beide Fadenenden hängen jeweils sichtbar aus dem Sieb. Daran werden nun die Gegenstände befestigt. Zunächst versucht man dies, indem man sie damit verknotet; sollte es nicht halten oder überhaupt nicht möglich sein, zum Beispiel bei den Kronkorken, versucht man mit Schnellkleber oder Klebefilm den gewünschten Gegenstand an den Faden zu bringen. Ist es dann geschafft, bläst man nun das Windspiel leicht an, um dadurch die Gegenstände ins Schwingen zu bringen, und stellt dabei fest, ob sie sich alle berühren. Sollte dies nicht der Fall sein, muß man die Fäden durch Knoten im Sieb kürzen oder, falls sie zu kurz sind, jeweils einen neuen Faden einfädeln!

Nun ist das Windspiel fertig; man kann es jetzt mit 2 Nägeln befestigen (1 Nagel ins Griffloch, 1 Nagel in die Teesiebhalterung), zum Beispiel im Türrahmen, an der Decke, über dem Fenster – überall dort, wo etwas Wind weht.

Vorsicht bei großen Leuten – das Windspiel hoch genug hängen, damit man nicht mit dem Kopf anstößt!

Judith Rosch

Übrigens

Besonders schön klingt das Windspiel natürlich, wenn man richtige Glöckchen aufhängt. Das können kleine Sammelobjekte, Mitbringsel aus dem Urlaub sein oder speziell für diesen Zweck angeschaffte und klanglich aufeinander abgestimmte Metall-, Keramik- oder Glasglöckchen. Dabei sollte man aber die Materialien nicht mischen, weil bei stärkerem Wind die zarten Glasglöckchen an denen aus Metall zerbrechen könnten.

Wer hat soviel Luft wie der Wind?

Kleine Leute mit viel Puste haben die besten Chancen bei diesen Wettspielen, bei denen man Ausdauer und Geschicklichkeit testen kann.

Labyrinth

Mit Bauklötzen oder Holzresten wird ein Labyrinth aufgebaut, durch das die Kinder einen Tischtennisball pusten müssen. Zu Beginn des Spieles können die Kinder nacheinander erst einmal ihre Puste testen, bevor es so richtig um die Wette geht.

Wettpusten

Ein Wettspiel um die beste Puste. Zwei oder mehrere gleichlange Pustebahnen werden aufgebaut, an denen jetzt einzelne Kinder oder Mannschaften gegeneinander um die Wette pusten.

Schneckenhaus

Mit Bauklötzen wird ein viereckiges Schneckenhaus aufgebaut. Vier Kinder suchen sich jeweils einen Platz an einer Seite aus, und gemeinsam wird der Ball zum Schneckenhausmittelpunkt gepustet (jeder von seiner Seite aus). Die Kinder müssen herausfinden, daß es am besten geht, wenn sie ihr Pusten koordinieren, also nacheinander blasen.

Zweierwettpusten

Zwei Kinder sitzen sich gegenüber. Jedes hat ein kleines Tor aus Bauklötzen vor sich stehen. Aufgabe ist es, dem Gegenüber den Ball ins Tor zu blasen. Schwieriger wird es, wenn mehrere, vielleicht sogar verschiedene Bälle ins Spiel kommen.

Andrea Heck

Übrigens

Um die einzelnen Spielideen etwas auszubauen, kann man verschiedene »Bälle« zum Pusten anbieten: zum Beispiel Wattekugeln, Erbsen, Papierkugeln, Glas- oder Holzmurmeln. Aber Vorsicht, bei zu vielem Pusten kann man leicht Sternchen sehen! Also öfter mal Pausen einlegen.

Der Nordwind und die Sonne

Zu der Geschichte vom Nordwind und der Sonne kann man mit den Kindern ein Stegreifspiel aufführen.

Man benötigt dazu

- 1 Mantel
- 1 Hut
- leere Flaschen
- 1 Glockenspiel

Uns so geht die Geschichte

Es ist ein wunderschöner Frühlingstag im April. Im Stadtpark blühen bunte Krokusse und Tulpen. An den Weidekätzchen summen die Bienen, die Vögel bauen ihre Nester. Ein Mann spaziert zufrieden im Park.

Die Sonne beobachtet den Mann und freut sich, daß er sich wohl fühlt und sich auf die Parkbank setzt, um die Wärme zu genießen. Doch der Nordwind, der sich noch nicht so gerne vertreiben läßt, ist ärgerlich und sagt zur Sonne: »Ich wette mit dir, daß es mir eher als dir gelingt, dem Mann den Mantel auszuziehen.« Die Sonne ist mit der Wette einverstanden. Nun beginnt der Wind, wild zu stürmen, daß sich die Bäume hin und her wiegen. Die Blüten schließen ihre Kelche, die Vögel fliegen schnell in ihr Nest. Der Mann steht von der Bank auf und begibt sich eilig auf den Heimweg. Er zieht seinen Hut tief ins Gesicht und wickelt sich noch fester in seinen Mantel. Die Sonne ist nun an der Reihe, und als sie ihre kräftigen Strahlen zur Erde schickt und es immer wärmer wird, beginnt der Mann zu schwitzen und zieht seinen Hut und Mantel aus. Als der Nordwind sieht, daß er die Wette verloren hat, stürmt er wütend fort.

Und so wird gespielt

Die Spielleiterin/der Spielleiter erzählt zunächst die Geschichte, und danach werden die Rollen verteilt. Dabei können folgende Rollen von den Kindern übernommen werden:

- der Mann, der im Park spaziert
- Vögel und Bienen
- Bäume und Blumen
- Sonne
- Wind

Die Sonne wird akustisch durch ein Glockenspiel dargestellt und der Wind, indem einige Kinder über den Rand leerer Flaschen blasen. Anstelle der Spielleiterin/des Spielleiters könnte auch ein Kind die Geschichte erzählen, während die anderen Kinder ihre Rollen spielen.

Christiane Lindner

Wassertröpfchens Reise

Wassertröpfchens Reise ist eine Geschichte, die den Kindern den Wasserkreislauf nahebringt. Um die Thematik zu vertiefen, werden nachfolgend zwei Spielvorschläge gemacht: für ein Bewegungsspiel und für ein Fingerspiel.
Man kann die Geschichte zweimal spielen, erst als Bewegungs-, dann als Fingerspiel, oder ein Teil der Kinder macht die Rhythmikbewegungen, die anderen die Fingerbewegungen.

Text	Rhythmikbewegungen	Fingerbewegungen
Wassertröpfchen sind wir viele, kommt, wir machen Spiele! Tanzen in der Regenpfütze, haben eine blaue Mütze.	zwei Kinder fassen sich an und tanzen	Arme nach vorne ausstrecken, Finger bewegen, langsam absenken, Finger bewegen sich auf dem Tisch, mit den Händen eine Mütze am Kopf andeuten, mit der flachen Hand auf den Tisch schlagen
Plitsch und platsch und hin und her, das gefällt uns Tropfen sehr.	springen von einem auf das andere Bein, hüpfen mit geschlossenen Beinen	
Schaut, die liebe, goldne Sonne! Welche Freude, welche Wonne!	Arme ausbreiten	eine Hand ausstrecken, Finger spreizen
Kitzelt unsere Nasenspitzen, sollen in der Sonne sitzen.	mit den Fingern gegenseitig auf die Nase tupfen in der Hocke sitzen	Kinder tippen sich auf die Nase
Zieht uns hoch, wir kommen gern, sehn euch alle jetzt von fern!	Strecken des Körpers	Arm strecken, Finger spreizen, eine Hand an die Stirn legen

Text	Rhythmikbewegungen	Fingerbewegungen
Wolke ist so dick und groß, Wind gibt uns ’nen Stoß. Purzeln auf die Erde nieder, tanzen auf den Wegen wieder, wollen alle Pflanzen gießen, daß sie wachsen, daß sie sprießen.	mit den Armen einen dicken Bauch andeuten, Hände an den Bauch ziehen und nach vorn drücken, Kinder fallen um, Kinder tanzen durch den Raum, pantomimische Darstellung des Gießens	Kinder wölben ihre geschlossenen Hände und legen sie zusammen, Arme ruckartig nach vorne strecken und die Hände voneinander lösen, die Finger auf und ab bewegen (»Klavier spielen«) und die Arme dabei langsam nach unten senken, danach Arme anwinkeln und mit einem Drehen der Unterarme nach oben anheben
Regentröpfchen, Regentröpfchen, fällst ja auf mein Köpfchen.	Kopf hin und her bewegen, Hände an den Kopf halten	mit den Fingerspitzen auf dem Tisch »tanzen«, Arme anheben,
Oh, jetzt bin ich pudelnaß!	Körper ausschütteln	Hände nach unten baumeln lassen und schütteln
Aber Regen macht mir Spaß, halt den Regenschirm ganz hoch, brauchen euch ja doch!	auf Zehenspitzen gehen, eine Hand nach oben strecken	einen Arm ganz ausstrecken und langsam hin und her drehen
Weiter geht jetzt unsere Reise, singen unsere Abschiedsweise	Kinder laufen durch den Raum	mit den Fingern trippeln und die Hände auf der Tischplatte von links nach rechts bewegen

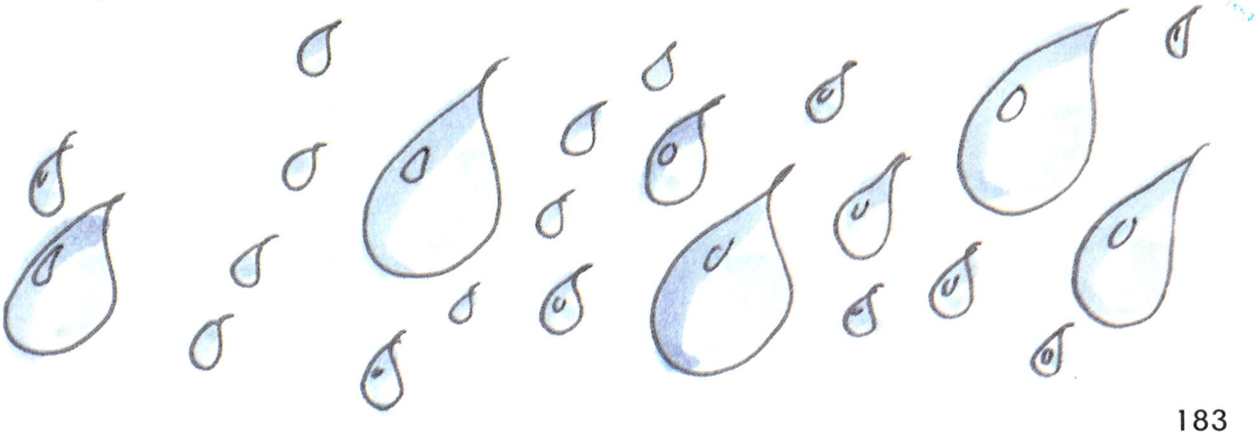

Text	Rhythmikbewegungen	Fingerbewegungen
laufen zu dem Bach hinunter, stürzen uns hinein ganz munter,	Kinder fallen um,	mit den Fingern auf die Tischplatte trippeln, dann die Arme leicht anheben, die Finger schließen und nach dem Andeuten einer Welle auf der Tischplatte absetzen
schwimmen hin zum Ozean, schaun uns große Schiffe an.	Schwimmbewegung im Liegen, eine Hand an die Stirn legen	weiterhin mit geschlossenen Händen die Wellenbewegung ausführen, eine Hand an die Stirn legen
Laßt uns tanzen, laßt uns springen, glucksen, plitschen, platschen, singen!	freies Bewegen durch den Raum, stampfen, hüpfen und ähnliche laute Bewegungen	Arme beugen, Finger spreizen und die Unterarme hin und her drehen
Wasser braucht der Mensch auf Erden, es soll niemals alle werden. Wollen uns im Kreise drehn, so wird's immer weitergehn.	drehen um die eigene Achse	die Arme beschreiben in der Luft einen Kreis

Karin Seyer-Sauke

Wirbelsturm

Dies ist ein Bewegungsspiel für mehrere Spieler, das man am besten im Freien spielt. Wenn man drinnen allerdings genügend Platz zur Verfügung hat, kann man es auch dort durchführen.

Und so wird gespielt

Zwei Spieler packen sich an den Händen; sie sind jetzt der Wirbelsturm und jagen die restlichen Spieler innerhalb des vorher festgelegten Spielfelds. Der, den sie gefangen haben, schließt sich ihrer Kette an. Die Jagd geht weiter, bis die Kette aus sechs Spielern besteht. Ist das der Fall, teilt sich die Kette in zwei Ketten. So sind zwei Wirbelstürme entstanden, die sich auffüllen, bis wieder sechs Spieler dazugehören, dann teilen sie sich wieder und so fort. Wer rettet sich bis zuletzt vor dem Sturm?

Bernhard Lehnert

Regenbogenfangen

Auch dieses Spiel ist für draußen und drinnen geeignet. Man spielt es innerhalb eines vorher festgelegten Spielfelds.

Man benötigt dazu

- doppelt so viele Spielmarken wie Spieler in den Farben Gelb, Grün, Rot, Violett und Blau

Und so wird gespielt

Vier Kinder werden ausgewählt, die die Jäger spielen. Jeder Mitspieler, außer den Jägern, bekommt eine Spielmarke und hält sie so, daß die Farbe nicht zu sehen ist.
Je zwei Jäger fassen sich an den Händen, und auf »Los« beginnt die Jagd nach dem Regenbogen.
Wer abgeschlagen wird, muß seine Spielmarke abgeben; er kann allerdings zur Spielleiterin/zum Spielleiter gehen und sie/ihn um eine neue Marke bitten, damit er weiter mitmachen kann. Das Jägerpärchen, das zuerst einen Satz aller Farben hat, ruft »stopp!«. Das Spiel ist beendet, und dieses Jägerpärchen ist Sieger der ersten Runde. Bevor die zweite Runde beginnt, werden die Jäger ausgewechselt beziehungsweise neu gewählt.

Bernhard Lehnert

Regenschirm

Der Wind hat mir den Schirm weggenommen
und ihn dem großen Kastanienbaum geschenkt.
Ich bin gar nicht traurig.
Der große, große Baum
kann ja auch viel, viel nasser werden als ich.

Peter Schäfer-Oswald

Ich und meine Welt

Jeden Tag gibt es für Kinder etwas Neues zu entdecken, neue Erlebnisse kommen auf sie zu. Die Welt wird größer und vielfältiger, und nicht alle Begebenheiten sind erfreulich oder leicht zu verarbeiten. In diesem Kapitel werden in Geschichten, Gedichten und Spielen verschiedene Situationen dargestellt, die für kleine Kinder neue Erfahrungen bereithalten, und so lernen sie spielerisch, damit umzugehen.

Ich kann's noch gar nicht glauben ...

Refrain

Ich kann's noch gar nicht glauben,
doch es ist wirklich wahr,
nun bin ich wieder älter,
und zwar ein ganzes Jahr.

1.
Die Hosen sind ein Stück zu kurz,
die Schuhe viel zu klein;
die Jacke ist so eng,
ich paß' da kaum noch richtig rein.
Refrain: Ich kann's noch ...

2.
Ne Menge neuer Zähne habe ich
bei mir entdeckt;
vielleicht ist schon im nächsten Jahr
der letzte Milchzahn weg.
Refrain: Ich kann's noch ...

3.
Den Fahrradsattel habe ich
ganz oben festgeschraubt,
und danach beide Zusatzräder
hinten abgebaut.
Refrain: Ich kann's noch ...

4.
Die Schere ist für mich
nun endlich auch gar kein Problem;
ihr müßtet meine ausgeschnitt'nen
Kreise einmal sehn.
Refrain: Ich kann's noch ...

Judith Rosch

Der Heiner

Der Heiner will mich schlagen,
der Heiner will mich jagen,
der Heiner ist sehr stark.
Ich laufe schnell nach Hause
trink' eine große Brause
und esse einen Quark.
Dann geh' ich um ihn rum,
werf ihn ganz einfach um
und setze mich auf ihn drauf,
bis er mir sagt:
»Hör auf!«

Peter Schäfer-Oswald

Ich will nicht

Nein, ich will nicht meinen Brei.
Nein, ich mag kein Hühner-Ei.
Ich will keinen Kuchen essen.
Ich hab' dieses Lied vergessen.
Alles finde ich saublöd.
Alle Märchen sind ganz öd.
Tante Martha mag ich nicht,
sag's ihr bald mal ins Gesicht.

Jeden könnte ich verhauen.
Keinem Kind kann ich vertrauen.
Ach, da seid ihr wohl erstaunt?
Heute bin ich schlecht gelaunt,
kann nicht meinen Unmut zügeln,
könnte mich bald selbst verprügeln,
könnt' mir eine Schelle geben,
könnt' mir richtig eine kleben.

Hans-Joachim Ludwig

In einer anderen Stadt

Ein Umzug ist manchmal keine einfache Sache. Oft verliert man dadurch den Kontakt zu allen Freunden – und bis man neue gefunden hat, ist man eine Weile ziemlich einsam. Dann kommt noch hinzu, daß man sich in einer neuen Stadt noch gar nicht auskennt. Was Stefanie in dieser Situation passiert ist, erzählt diese Geschichte.

Und so geht die Geschichte

Die Familie Lerkel zog in eine andere Stadt. Für die kleine Tochter Stefanie war nun alles neu und erst einmal schrecklich fremd. Doch nach zehn Tagen kannte sich Stefanie in der nächsten Umgebung schon ein wenig aus. Und so kam es, daß ihre Mutter sie zu sich rief und und zum Einkaufen wegschickte. »Stefanie«, sagte die Mutter, »nun geh mal schnell und hole mir ein Pfund Mehl aus dem Supermarkt! Ich brauche es dringend in der Küche. Den Weg kennst du ja schon.«

Stefanie nahm außer der Einkaufstasche einen Tennisball mit. Den schob sie mit dem Fuß vor sich her. Da kam Daniel aus dem Haus nebenan. Der stieß gegen den Ball, so daß er quer über die Straße rollte. »Jetzt hol ihn aber auch wieder!« rief Stefanie. Daniel holte den Ball, lief mit ihm aber dann weg und rief: »Krieg mich doch! Krieg mich doch!«

Stefanie rannte hinter ihm her. Aber Daniel war schneller, und immer wenn sie dachte: »Jetzt erwische ich ihn«, da lief ihr Daniel wieder weg. Die Jagd ging um ein paar Straßenecken herum. Schließlich packte Stefanie den Daniel aber doch. Und er rückte auch den Tennisball heraus. Nun blickte Stefanie um sich. Wo war sie gelandet? Welche Straße mußte sie nun entlanggehen? Wie kam sie jetzt zum Supermarkt? Stefanie ging einfach weiter und weiter. Doch der Supermarkt war wie vom Erdboden verschlungen. Schließlich wußte sie überhaupt nicht mehr, wohin sie gehen sollte. Alles war so fremd. Nun fing sie an, immer schneller zu laufen. Sie weinte.

Eine Frau mit einem Korb sagte zu ihr: »Warum weinst du denn?« Stefanie zog ihr Taschentuch hervor. »Ich finde den Supermarkt nicht«, sagte sie schluchzend. »Den Supermarkt?« fragte die Frau. »Der ist doch da hinten. Um die Ecke.«

Stefanie lief los. Tatsächlich. Da hinten um die Ecke, da war ... Ja, da war ein Supermarkt. Aber es war nicht der Supermarkt, in dem ihre Mutter mit ihr schon dreimal eingekauft hatte. Stefanie ging hinein, suchte das Regal mit dem Mehl, fand es, bezahlte und stand wieder auf der Straße.

Wie sollte sie nun nach Hause finden? Sie ging zögernd weiter, bis sie zu einem Spielplatz kam. Und wieder kriegte sie große Angst. Sie begann erneut zu weinen. Da kam eine junge Frau zu ihr, deren kleine Tochter auf dem Platz spielte. »Was ist denn los?« fragte die Frau. »Ich finde nicht nach Hause«, sagte Stefanie. »Ich weiß nicht ... den Weg.« »Wo wohnst du denn?« fragte die Frau. »In der Blumenstraße«, erwiderte Stefanie. »Das ist aber weit weg von hier«, meinte die Frau. »Und weißt du auch die Hausnummer?« »Ja«, sagte Stefanie, »Haus Nummer zehn.«

»Findest du nicht allein zur Blumenstraße zurück?« Stefanie schüttelte den Kopf. »Tja«, machte die Frau, »da muß ich dich ja wohl nach Hause bringen.«
»O ja, bitte!« sagte Stefanie und wischte sich die Tränen ab. Da rief die junge Frau ihre kleine Tochter: »Komm, Anna, wir müssen einen Spaziergang machen! Hier, das Mädchen findet nicht allein nach Hause.« Anna war erst einmal richtig ärgerlich darüber, daß sie vom Spielplatz weggeholt wurde. Aber bald mochte sie recht gerne mit Stefanie zusammen durch die Straßen der Stadt gehen.

Als sie schließlich in der Blumenstraße, Haus Nummer zehn, anlangten, da war die Freude groß. Stefanie fiel ihrer Mutter gleich um den Hals. Und die Mutter sagte: »Ich hatte schon große Angst um dich, weil du so lange fort warst!« Sie bedankte sich sehr bei Annas Mutter für ihre freundliche Hilfe und lud sie und Anna zum Kaffeetrinken ein.
Später erzählte Stefanie die ganze Geschichte ihrer Puppe Laura. Der Kanarienvogel Filippo piepte öfter dazwischen. Er wollte immer ein bißchen mitreden.

Hans-Joachim Ludwig

Zwillingsturnen

Mit dem Zwillingsturnen kann man mehrere Ziele erreichen: Die Kinder suchen sich Partner und müssen mit ihren Partnern dann auch möglichst gut zusammenarbeiten, sich aufeinander einstellen und gegenseitig helfen. Außerdem ist Turnen natürlich grundsätzlich positiv für groß und klein, fördert die Gesundheit und macht darüber hinaus ganz einfach auch noch Spaß.

Man benötigt dazu

– 1 Kassettenrecorder
– 1 Kassette mit Aerobic-Musik

Und so beginnt die Turnstunde

1. Alle Kinder laufen zur Musik im Raum herum und versuchen, sich nicht gegenseitig anzustoßen. Wenn die Spielleiterin/der Spielleiter die Musik abstellt, sucht sich jedes Kind einen Zwillingspartner.

2. Alle Zwillingspaare verteilen sich im Raum und stellen sich gegenüber auf, etwa einen Schritt vom Partner entfernt.

Und so läuft der Hauptteil ab

1. Die Beine werden leicht gegrätscht, und in dieser Stellung werden die Knie langsam gebeugt und gestreckt. (»Der Fahrstuhl fährt langsam hinunter und langsam wieder hinauf.«) Dabei darf man die Fersen nicht anheben und muß den Oberkörper gerade lassen.

2. Die Kinder bleiben in der kleinen Grätschstellung und machen nun nochmals die gleiche Übung, aber schneller, also die Knie schnell beugen und langsam strecken. (»Der Fahrstuhl fährt schnell hinunter und langsam wieder hinauf.«)

3. Die Beine nehmen Parallelstellung ein, und die Zwillinge hüpfen am Platz.

4. Abwechselnd links und rechts wird ein Bein gestreckt vorn angehoben. Der Oberkörper bleibt dabei gerade und aufrecht, das Standbein darf nicht gebeugt werden.

5. Nun wird – wieder abwechselnd links und rechts – ein Bein gestreckt seitlich angehoben; die Körperhaltung bleibt wie in Übung 4 beschrieben.

6. Nochmals sind die Beine dran, diesmal werden sie abwechselnd links und rechts nach hinten angehoben und gesenkt; sie müssen dabei gestreckt bleiben. Die Körperhaltung bleibt wieder wie in Übung 4 beschrieben.

7. Jetzt wird der Oberkörper tief nach vorn gebeugt und wieder aufgerichtet. (»Eine tiefe Verbeugung machen.«) Die Knie bleiben gestreckt, die Arme hängen locker.

8. Die Kinder gehen in den Hockstand. Die Knie werden im Wechsel gestreckt und gebeugt, dabei muß man parallel auf den Fußballen stehen, die

Hände vorn aufstützen und die Fersen beim Strecken des Knies auf den Boden senken.

9. Die Beine sind in Parallelstellung. Die Kinder lassen den Kopf nach vorn fallen und richten ihn langsam wieder auf.

10. Die gleiche Stellung wie bei Übung 9; der Kopf wird jetzt jedoch zur Seite auf die Schulter geneigt und wieder aufgerichtet; dabei dürfen die Schultern nicht hochgezogen werden.

11. Wiederum gleiche Stellung wie bei Übung 9. Der Kopf wird nach hinten geneigt und wieder aufgerichtet.

12. Hier wird die Übung 9 wiederholt: Beine in Parallelstellung, der Kopf fällt nach vorn und wird langsam wieder aufgerichtet.

13. Immer noch mit den Beinen in Parallelstellung ziehen die Kinder beide Schultern hoch und senken sie wieder.

14. Nun wird abwechselnd die rechte und die linke Schulter hochgezogen und wieder gesenkt.

15. Zum Schluß des Hauptteils beschreiben die Kinder mit gestrecktem Arm einen großen Kreis neben dem Körper (wie eine Windmühle oder ein Propeller), zuerst wird nach vorn gedreht, dann nach hinten, und das abwechseln links und rechts.

Abschlußspiel Dampfwalze

Die Zwillinge legen sich hintereinander auf den Bauch, und zwar so, daß das eine Kind die Fußgelenke des anderen umfassen kann. Dabei strecken beide die Arme lang aus. Jedes Paar wälzt sich gleichzeitig auf den Rücken, dann auf den Bauch und so durch den ganzen Raum bis zur Tür. (Die Übung kann variiert werden, indem man statt der Fußgelenke die Handgelenke umfaßt.)

Übrigens

Es empfiehlt sich, die einzelnen Übungen ausführlich zu erklären und vorzumachen. Jedes Zwillingspaar muß genau auf seinen Partner achten und versuchen, die Übungen möglichst synchron auszuführen.

Christa Alt

Schmusewichtel-Schlafsong

Refrain

Die Schmusewichtel sind nie zu sehn
man spürt sie nur, das ist wunderschön!
Sie wichteln dich nachts in den Schlaf hinein,
drum bist du im Bett wirklich nie allein.

1.
Sie streicheln und sie trösten dich,
wenn du mal traurig bist,
und flüstern leise,
daß schon morgen alles besser ist.
Refrain: Die Schmusewichtel …

2.
Sie singen dir die allerschönste
Schlafmusik ins Ohr.
Dann kommst du dir am Abend
nicht so ganz verlassen vor.
Refrain: Die Schmusewichtel …

3.
Am allerliebsten schmusen sie
und kuscheln lang mit dir.
Sie freuen sich, daß es dich gibt,
und danken dir dafür.
Refrain: Die Schmusewichtel …

4.
Mit Bildern und Geschichten
aus dem Schmusewichtelland,
entführen sie dich nachts
zu Träumen an der Wichtelhand!
Refrain: Die Schmusewichtel …

Judith Rosch

Das Grippepüppchen

Nadja hatte sich erkältet. Sie hustete. Und sie bekam Fieber. Die Mutter steckte das Kind ins Bett. Später kam der Arzt, verschrieb der kleinen Nadja Hustensaft, Tabletten und verordnete strenge Bettruhe. Dirk, ihr älterer Bruder, sollte Nadja nicht stören. »Und geh nicht so dicht an ihr Bett, sonst bekommst du auch Fieber«, hieß es. Als die Mutter vom Einkaufen zurückkam, brachte sie der Nadja ein winziges Püppchen mit. Nadja freute sich. Dirk stand mit großen Augen daneben. »Ich will auch ein Püppchen!« »Aber Dirk«, sagte die Mutter, »du bist doch ein Bub. Mit Puppen spielen doch nur Mädchen.« »Ich will auch so ein schönes Püppchen!« rief Dirk und brach in Tränen aus.

»Nun sei vernünftig«, sagte die Mutter. »Nadja ist doch krank. Und da habe ich ihr eben etwas mitgebracht. Wenn du einmal krank bist, kriegst du auch was Schönes.«

»Ich will aber jetzt ein Püppchen«, rief Dirk und starrte das kleine Ding an, das Nadja in fiebrigen Händen hielt und dem sie inzwischen den Namen Rosa gegeben hatte.

Die Mutter sagte: »Dirk, du sollst doch nicht immer hier am Bett von Nadja stehen. Sonst kriegst du auch noch Fieber. Das fehlte gerade noch.«

Am nächsten Tag war das Püppchen Rosa verschwunden. Die Mutter durchsuchte Nadjas Bett. Vielleicht hatte sich Rosa ja irgendwo verkrümelt. Aber die Mutter fand nichts. Dann rief sie Dirk. »Seltsam«, sagte sie zu ihm. »Die Rosa ist verschwunden. Sie kann doch nicht weggelaufen sein. Dirk, hast du sie vielleicht gesehen?«

»Nein«, sagte Dirk mit finsterem Gesicht. Die Mutter nickte und erwiderte: »So, so. Was hast du denn in deiner Hosentasche?« »Nichts«, rief Dirk und lief so schnell er konnte aus dem Zimmer. Die Mutter folgte ihm. Dirk hatte sich in eine Ecke gehockt. »Nun gib schon die Rosa heraus«, sagte sie zu ihm. Dirk schüttelte heftig den Kopf. Auf einmal rutschte ihm Rosa aus der Hosentasche. »Das ist aber nicht schön von dir, Dirk«, sagte die Mutter vorwurfsvoll und brachte das Püppchen Nadja zurück.

Am nächsten Tag gab es überraschend ein Gewitter. Es goß in Strömen. Die Mutter glaubte ihren Augen nicht trauen zu dürfen. Stand da doch Dirk splitterfasernackt vor der Haustür im strömenden Regen.

Die Mutter lief hinaus. »Komm augenblicklich herein, Dirk! Was ist denn in dich gefahren? Jetzt kriegst du womöglich auch die Grippe!«

Und während die entsetzte Mutter den Jungen ins Haus zog, rief Dirk: »Ich will die Grippe, ich will Fieber haben – und ein Püppchen, ein schönes Püppchen wie Nadja!«

Hans-Joachim Ludwig

Ich sage: nein!

Magst du einen Menschen nicht,
und er streichelt dein Gesicht,
küßt dich wohl, wenn du's nicht magst,
dann ist's richtig, wenn du sagst:
»Hör nun auf! Und mach jetzt Schluß!
Laß mich los! Und keinen Kuß!
Laß die Streicheleien sein!
Hände weg! Ich sage: nein!
Widerliche Schmuserei!
Weg mit dir! Oder ich schrei'!«

Hans-Joachim Ludwig

Schattenraten

Dies ist ein Spiel, bei dem sich Kinder besser kennenlernen können; doch auch diejenigen, die sich schon gut kennen, werden davon profitieren, weil das Spiel die Wahrnehmungsfähigkeiten verbessert.

Man benötigt dazu

- Bettlaken
- Diaprojektor oder Strahler
- Leinwand

Spielvorbereitung

Ein geeigneter Raum wird abgedunkelt. Ein Bettlaken wird senkrecht aufgespannt – günstigerweise in einem Türrahmen; dadurch wird verhindert, daß die Kinder hinter das Laken schauen können. Das so gespannte Laken wird von einem Strahler (Diaprojektor) angestahlt; dahinter steht in einem Abstand von etwa 1 Meter eine Leinwand.

Und so wird gespielt

Die Kindergruppe wird geteilt – eine Hälfte setzt sich vor dem Bettlaken auf den Boden, die andere Hälfte stellt sich hinter die Leinwand. Haben alle Kinder ihren Platz eingenommen, gehen die Kinder, die bisher hinter der Leinwand standen, langsam und nacheinander zwischen Bettlaken und Leinwand hindurch. Dabei können sie auch einmal stehenbleiben und sich langsam um ihre eigene Achse drehen. Eventuell können sie auch beim Zeigen ihres Profiles kurze Zeit in dieser Stellung verharren, so daß sie deutliche Schatten werfen.
Die Kinder vor dem Laken müssen nun anhand der Schatten sagen, welches Kind gerade sein »Schattenspiel« betreibt. Allerdings sollen die Kinder nicht durch bloßes Raten und wahlloses Aufsagen der einzelnen Namen herausfinden, wer sich hinter dem Laken befindet, sondern sollen auch Merkmale nennen, die sie zu ihrer Annahme veranlaßten, zum Beispiel »Ich kann einen Haarreif erkennen, und nur Susi trägt heute einen Haarreif in ihrem Haar!« Ist der Durchgang beendet, werden die Rollen getauscht, und die »Schattenspieler« werden zu aufmerksamen Beobachtern.

Anke Agius-Gilibert

Übrigens

Schattenspiele haben großen Aufforderungscharakter für Kinder. Ist das gelenkte Spiel beendet, wird man die Kinder kaum davon abhalten können, vor und hinter der Schattenwand Handlung und Wirkung auszuprobieren.
So entstehen oft weitere Spielideen, die die Kinder produziert haben und einen anderen Stellenwert einnehmen als Ideen, die von Erwachsenen stammen. Zum Beispiel könnten Kinder auf die Idee kommen, Tätigkeiten hinter der Schattenwand darzustellen, die die anderen erraten müssen – aber das ist sicherlich nur eine von vielen Ideen.

Mäntelraten

Auch dieses Spiel dient dazu, aufmerksames Beobachten zu fördern, da die Kinder Namen und Gegenstände bestimmten Personen zuordnen müssen.

Und so wird gespielt

Alle Kinder setzen sich im Kreis entweder auf Stühle oder den Boden. Ein Kind, das zuvor bestimmt oder ausgelost wurde, verläßt den Gruppenraum und zieht in der Garderobe den Mantel oder die Jacke eines anderen Kindes an. So bekleidet, betritt es wieder den Raum, und die anderen Kinder müssen nun raten, wem das Kleidungsstück, das das Kind trägt, gehört. Das Kind, das den Besitzer zuerst nennt (wobei sich der Besitzer selbst beim Raten natürlich zurückhalten muß), darf als nächstes hinausgehen und etwas anziehen.

Spielvariation

Nicht nur Mäntel und Jacken eignen sich zum Erraten; auch Schuhe, Mützen oder Taschen können verwendet werden.

Beate Wagner

Der große Bruder

Der Vater sagte zu seinem Sohn Michael: »Du bist ja erst vier Jahre alt, Michi. Aber bald wirst du der große Bruder sein.«
Michi verstand den Vater nicht. Da sagte er: »Na ja, bald wird Mutti ein kleines Kind bekommen. Und dann bist du eben der große Bruder.«
Michi freute sich. »Bin ich dann richtig groß?«
Der Vater nahm ihn auf den Arm. »Richtig groß bist du dann nicht, Michi. Aber du bist eben größer als das Kleine, das Mutti aus der Klinik mit nach Hause bringt.«
Michi legte seinen Arm um den Hals des Vaters. »Ich bin schon groß!« sagte er mit Nachdruck. »Nicht wahr, Vati?«
»Ja, ja«, entgegnete der Vater. Aber als die Mutter dann mit der kleinen Hanna nach Hause kam, da war Michi nicht größer als am Tag zuvor. Jedenfalls besah er sich im Spiegel und fand keinen Unterschied zum Vortage. Und er hatte doch gehofft, plötzlich wenigstens so groß wie Bernd zu sein, der Junge aus der Nachbarschaft, der schon zur Schule ging.
»Nun sieh nur, wie klein das Mädchen, wie winzig die Hanna ist«, sagte die Mutter.
Michi guckte sich das Kind an. »Das ist gar kein Mädchen«, sagte er. »Das ist ein Baby. Und Vati hat mir neulich ein Kind versprochen, mit dem ich spielen kann.«
Die Mutter lachte. »Nun warte nur, Michi. Das Baby wächst ja, und dann wird aus ihm ein richtiges Mädchen.«
Michi konnte das kaum glauben, denn das Kind war gar zu klein. Das schlimmste aber war für Michi, daß die Mutter nur immer mit der kleinen Hanna beschäftigt war. »Immer nur das Baby!« dachte Michi. »Beinahe den ganzen Tag!« Und für Michi hatte die Mutter nur zwischendurch mal einen Augenblick Zeit.
Michi war traurig. Er setzte sich in eine Ecke und weinte. Dort fand ihn der Vater, als er von der Arbeit nach Hause kam. »Aber Michi!« rief er. »Was ist denn los?« Dicke Tränen kullerten über Michis Gesicht. »Ihr habt mich gar nicht mehr lieb«, behauptete er. »Immer seid ihr nur bei dem Baby. Und mit ihm spielen kann ich auch nicht.«
Der Vater streichelte Michi und ging mit ihm zur Mutter. Michi sah die Mutter mit großen Augen an. »Mutti«, sagte er, »hättest du denn nicht ein größeres Schwesterchen mitbringen können? Das Baby ist ja nicht größer als mein Teddybär und kann noch nicht einmal brummen.«
Die Eltern lachten. Dann sagte die Mutter: »Gut, daß du kommst, Michi. Ich muß die Hanna jetzt in eine saubere Windel legen. Du kannst mir dabei helfen.« Und Michi half. Zuerst zögernd, dann aber eifrig.
Schließlich sagte die Mutter zu ihm: »Nur gut, daß du mir zur Hand gegangen bist. Ich glaube, du solltest das jetzt immer tun. Alleine, ohne meinen Michi, schaffe ich es einfach nicht mehr.«
Und nun war er auch gerne für die kleine Hanna der große Bruder.

Hans-Joachim Ludwig

Die Kleinegroße-Großekleine

Mein Bruder Jens, der Kleine,
macht, daß ich manchmal weine,
wenn Mama nur noch bei ihm ist
und mich dabei total vergißt.
Mein Bruder Bernd, der Große,
paßt fast in Papas Hose,
kommt abends oft ganz spät nach Haus
und lacht mich immer wieder aus.
Ich, Kleinegroße-Großekleine,
hab' auch schon ganz schön starke Beine
und will's jetzt endlich sagen. Bitte!
Ich bin die Pia aus der Mitte!

Peter Schäfer-Oswald

Hindernisrennen

Hierbei handelt es sich um ein einfaches Gesellschaftsspiel, das man selbst anfertigen kann. Zum Beispiel können es ältere Kinder für ihre kleinen Geschwister basteln oder im Kindergarten die »alten Hasen« für die Neulinge.

Als Spielfiguren kann alles mögliche genommen werden, zum Beispiel bunt angemalte Kieselsteinchen, Holzwalzen von Steckspielen, Lego-Männchen (macht den Kindern besonders viel Spaß) und anderes mehr.

Man benötigt dazu

- festen Karton, ca. 60 x 60 cm
- bunte Klebepunkte, ø ca. 2 cm
- 13 leere Streichholzschachteln
- 1 leere Papprolle
- Reste von buntem Papier
- Klebstoff
- Schere(n)
- Spielfiguren

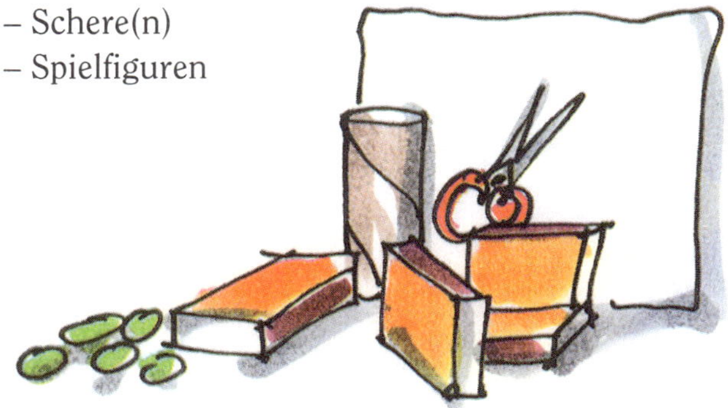

Und so wird's gemacht

In einer Ecke des Kartons wird ein größeres Startfeld für die Spielfiguren aufgeklebt. Von diesem Punkt aus klebt man eine beliebig verlaufende Linie aus den Klebepunkten auf.
Diese Linie wird allerdings öfters von Hindernissen, die aus bunt beklebten Streichholzschachteln beziehungsweise einem Tunnel aus einer Papprolle bestehen, unterbrochen.

Mögliche Hindernisse können sein: Treppe

Für den Bau einer Treppe benötigt man 6 leere Streichholzschachteln. Diese Schachteln werden zunächst mit Buntpapierresten beklebt und dann zu einer Treppe angeordnet (siehe Skizze) und zusammengeklebt.

Rutsche

Hierzu braucht man 3 Streichholzschachteln. Die Schachteln werden ebenfalls bunt ausgestal-

tet. Danach werden 2 Stück längs aneinandergeklebt. Die dritte Schachtel stellt man als Stütze hochkant darunter (siehe Skizze).

Brücke

Vier Streichholzschachteln bunt bekleben; zwei davon längs zusammenkleben und die beiden anderen hochkant jeweils an den Enden befestigen (siehe Skizze).

Tunnel

Ein etwa 5 Zentimeter langes, mit Buntpapier beklebtes Stück Papprolle (von einer Toilettenpapierinnenrolle oder einer Innenrolle von Küchenpapier oder ähnlichem abgeschnitten) längs zur Zugrichtung aufkleben.

Und so wird gespielt

Alle Spielfiguren (maximal 6 Stück) werden auf das Startfeld gesetzt. Nachdem ausgezählt wurde, wer anfängt, würfelt man reihum mit einem Zahlenwürfel und zieht die Spielfiguren entsprechend der gewürfelten Augenzahl auf den Klebepunkten vor.
Kommt ein Kind an ein Hindernis, muß es eine bestimmte Augenzahl, die vorher gemeinsam bestimmt und eventuell auf das Hindernis geschrieben wurde, würfeln, um dieses überwinden zu können.
Zum Beispiel könnte man für die Treppe 5 Punkte festlegen, da 5 Stufen zu überwinden sind. Oder der Rutsche 2 Punkte zuordnen; einen, um die Rutsche zu erklimmen und einen zum Runterrutschen. Das Spiel ist beendet, wenn ein Kind das Ziel erreicht hat.

Isabelle Henry-Selzer

Übrigens

Verwendet man einen Würfel mit nur 1, 2 und 3 Augen, können auch die jüngsten Kinder schon alleine zählen, wie weit sie vorrücken dürfen. Die Hindernisse müssen dann allerdings ebenfalls niedrige Werte erhalten. Einen solchen Würfel kann man selbst basteln. Wie das geht, ist im Frühlingskapitel beim »Vogelspiel« genau beschrieben. Statt der dort genannten Symbole kennzeichnet man die Seiten einfach mit 1, 2 und 3 Augen, wobei jede Zahl dann zweimal vorkommt.
Wie bei allen Gesellschaftsspielen sollten die Spielregeln flexibel ausgelegt und auf die jeweilige Kindergruppe abgestimmt werden.

Der Traumlöwe

Die Geschichte soll die Kinder ermutigen, offen über ihre Ängste und Probleme zu reden. Dazu geeignet ist eine Gesprächsrunde, die gleich im Anschluß an das Vorlesen der Geschichte stattfindet.

Und so geht die Geschichte

Heute möchte ich euch von einem Jungen erzählen, der Florian heißt. Florian ist fünf Jahre alt und geht in den Kindergarten. Zum Kindergarten geht er gerne. Was ihm aber gar nicht gefällt, ist das Zubettgehen am Abend. Immer quälen ihn Ängste vor den Träumen, die er hat. Genau wie heute nacht.

Florian träumt, daß er im Dschungel ganz alleine ist. Erst findet er das schön. Aber dann entdeckt er hinter jedem riesigen Baum ein Tier, das ihn mit großen Augen anschaut, und fast auf jedem Baum sitzt ein großer Vogel, der ihn auch ganz böse anschaut. Plötzlich hört er ein Knacken, dann ein Rascheln. Ihm wird es ganz mulmig zumute. Florian hat Angst, er schwitzt. Die Sonne ist auch sehr heiß. »Wenn es hier nur Wasser geben würde«, denkt Florian.

Da, was für ein Glück, Florian sieht einen See und läuft dorthin, um sich abzukühlen. Aber, oh Schreck, da steht ein Löwe, der ihn mit großen Augen ansieht! Er hat das Maul weit aufgerissen und gähnt.

Florian will weglaufen, aber er kann nicht, seine Beine wollen nicht. Er hat große Angst. Mit einem Sprung ist der Löwe fast bei Florian, aber im letzten Moment kann er plötzlich losrennen. Und er läuft und läuft, und der Löwe hinter ihm her. Florian hat Angst, sehr große Angst. Er sieht eine Strohhütte und will dort Schutz suchen, aber da packt ihn jemand am Arm und hält ihn fest. Florian versucht zu schreien, aber es geht nicht. Er hört eine Stimme: »Florian, Florian, wach auf!«

Florian öffnet die Augen und ist glücklich, daß die Hände, die ihn im Traum festhielten, Mutters Hände sind, die ihn streicheln.

»Oh, Mama, ein Löwe war hinter mir her, und ich hatte so große Angst«, sagt Florian und schmiegt sich ganz fest an seine Mutter.

»Das glaube ich dir. Aber es war doch nur ein Traumlöwe. So etwas habe ich auch schon mal geträumt, und ich hatte manchmal auch Angst«, erzählt die Mutter.

»Wirklich?« fragt Florian. »Ja, aber ich habe dann versucht, mit dem Löwen zu kämpfen«, sagt die Mutter.

»Mit dem Löwen hast du gekämpft?« fragt Florian erstaunt. »Der ist doch viel zu gefährlich!«

»Das stimmt, ein Löwe im wirklichen Leben ist auch gefährlich, aber der Traumlöwe ist nur so stark, wie du ihn dir träumst. Dreh dich also das nächste Mal um, und kämpfe mit ihm«, rät die Mutter.

»Aber wenn er nun doch stärker ist als ich?« fragt Florian.

»Dann ruf doch einfach deine Traumfreunde oder deine Traumeltern, die werden dir ganz sicherlich helfen! Außerdem kann es auch sein, daß der Traumlöwe dir gar nichts tun will, son-

dern einfach nur dein Freund sein möchte!« sagt die Mutter.
»Mein Freund? Das glaube ich nicht!« sagt Florian.
»Bist du dir da ganz sicher? Hast du ihn schon einmal danach gefragt?« will die Mutter wissen.
»Nein, eigentlich nicht«, antwortet Florian nachdenklich.
»Also, frage ihn, wenn er wiederkommt. Ich bin gespannt, was er dazu sagt. Aber jetzt mußt du aufstehen, sonst kommst du zu spät zum Kindergarten!« sagt Florians Mutter.

Florian steht auf und nimmt sich ganz fest vor, den Löwen im nächsten Traum zu fragen.

Brigitte Meertens

Übrigens

Wenn man die Geschichte einer Kindergruppe vorliest und mit den Kindern darüber spricht, ist es wichtig, darauf zu achten, daß jedes Kind zu Wort kommt – auch die ganz Stillen.
Eine einleitende Frage zum Gespräch kann sein: Wer hat schon mal im Traum Angst gehabt?

Riesenbilder

Die Riesenbilder sind eine Gemeinschaftsarbeit für eine Gruppe von Kindern – sei es im Kindergarten oder bei einem Kindergeburtstag. Hier können alle gleich mitmachen – egal ob sie sich schon längere Zeit kennen oder ob sie noch neu in der Gruppe sind. Die Vorbereitungen sind einfach: Man benötigt nur das unten genannte Material, und schon kann der Spaß losgehen. Daher eignen sich die Riesenbilder auch hervorragend als »Ersatzangebot« bei einem Kindergeburtstag, wenn man eigentlich im Freien feiern wollte und es plötzlich schlechtes Wetter wird, so daß man die Kinder in der Wohnung beschäftigen muß!

Man benötigt dazu

- Wasser- oder Fingerfarbe (pro Kleingruppe mindestens einen Topf von jeder Farbe)
- große Bögen weißen Plakat- oder Fotokarton (man kann auch die Rückseite von Tapetenrollenresten bemalen, sofern es keine Präge- oder vorgeleimte Tapete ist)
- buntes Tonpapier für den Rahmen

Und so wird's gemacht

Die Kindergruppe wird in Kleingruppen von je 3 bis 4 Kindern aufgeteilt. Dies kann entweder durch freies Wählen der Kinder geschehen (jedes Kind entscheidet sich, mit wem es zusammensein will), oder man läßt das Los entscheiden. Letzteres empfiehlt sich, wenn sehr viele neue Kinder dabei sind, die sich noch nicht kennen und etwas zurückhaltend beim Äußern ihrer Wünsche sind.

Jede Gruppe nimmt sich nun einen Bogen Fotokarton, Wasserfarbe und ausreichend viele Pinsel. Und dann darf drauflosgemalt werden, und zwar so lange, bis auf dem Karton kein weißes Fleckchen mehr zu sehen ist.

Allerdings müssen die Kinder bei diesem »wilden Malen« eine Regel beachten: Rücksicht nehmen wird groß geschrieben, das heißt, Bilder von anderen dürfen nicht übermalt werden! Der eigene Tatendrang muß also dort aufhören, wo die Konturen bereits zu Papier gebrachter Kunstwerke anderer beginnen!

Sind die meist recht farbenfrohen Bilder fertiggestellt und getrocknet, kann man zur stärkeren

Hervorhebung der Farben noch einen Rahmen aus Tonpapier aufkleben. Dazu aus dem Tonpapier (pro Bild am besten nur eine Farbe benutzen, sonst wird's zu wirr) etwa 1,5 Zentimeter breite Streifen schneiden und am Rand des Bildes ankleben. Die Ecken wenn möglich auf Gehrung schneiden, das sieht später besser aus. Die Bilder sind sehr dekorativ und können, mit den Namen der beteiligten Kinder versehen, im Kinderzimmer oder im Gruppenraum des Kindergartens aufgehängt werden.

Beate Wagner

Übrigens

Bei diesem farbenfrohen Spiel sollte man darauf achten, daß es nicht auf einem empfindlichen Teppichboden stattfindet und die Kinder entsprechend pflegeleicht gekleidet sind, denn wenn man ständig aufpassen muß, daß nicht gekleckert wird, ist der Spaß nur halb so groß!

Spinnennetz

Auch dieses Spiel eignet sich für eine Kindergruppe. Man benötigt nichts außer einem Knäuel dicker Wolle. Ein Kind oder ein Erwachsener ist der Spielleiter und hat das Wollknäuel in der Hand. Die Kinder setzen sich im Kreis auf Stühle oder auf den Boden. Der Spielleiter gibt einem der Kinder das Knäuelende mit den Worten »Du gehörst zu uns« locker in die Hand. Dann geht er – jeweils mit den gleichen Worten zu jedem Kind – möglichst kreuz und quer durch den Kreis und läßt es den Faden halten. So entsteht ein Netz.

Die Kinder können feststellen, wie wichtig jedes einzelne von ihnen ist. Läßt eines nämlich los, ist davon mindestens noch ein anderes Kind betroffen, weil dann bei ihm der Faden schlaff wird. Damit alle das Netz in Ruhe betrachten können, legen die Kinder es vorsichtig auf dem Boden ab und befestigen es mit Kreppband am Boden, und zwar jeweils dort, wo ein Kind den Faden gehalten hat.

Freundschaften unter den Kindern kann man hervorheben, indem man Herzen aus Papier an den entsprechenden Verbindungslinien befestigt.

Fredrika Büch

Kasper und die blauen Socken

Kasper möchte gern in den Kindergarten, doch zuvor fragt er seine Freunde, was er da so alles machen muß und vor allem, was er mitnehmen muß! Die Antworten sind natürlich so unterschiedlich wie die Leute, die er fragt. Und solche Ratschläge bekommen Kinder ja auch vor ihrem ersten Tag im Kindergarten. Das geht von »Sei schön brav!« über »Wehr dich, wenn dich jemand ärgert!« bis hin zu »Nimm doch dein Kuscheltier mit!«.
Wie Kasper in und mit dieser Situation zurechtkommt, erfährt man in dem folgenden Stück. Die Hexe, die mitspielt, wird als liebe und neugierige Hexe dargestellt. Denn oft haben gerade kleinere Kinder, die zum ersten Mal Kasperpuppen erleben, Angst vor ihr. Deshalb sollte sie der erste Kontakt nicht erschrecken, sondern Mut machen, mit den Puppen zu reden.

Es spielen mit
Kasper, Gretel, Seppel, Großmutter und eine kleine Hexe

Man benötigt dazu
- 1 Zettel
- 1 Paar blaue Socken
- 1 Paar rote Socken
- 1 kleine Kiste

1. Szene

(Kasper und Großmutter; man benötigt den Zettel)
Kasper: (kommt mit dem Zettel in der Hand auf die Bühne gerannt) Hallo, Kinder! Ich bin ja so glücklich. Schaut mal, was ich hier habe! Na, was glaubt ihr wohl, was auf diesem Zettel steht? Ratet doch mal!
Kinder: (zählen verschiedene Möglichkeiten auf, was auf dem Zettel stehen könnte)
Kasper: Alles gute Ideen, aber nicht das, was ich suche! Aber ich werde es euch jetzt verraten, sonst platze ich noch vor Ungeduld!
Also, Großmutter hat diesen Zettel vom Kindergarten bekommen, weil ich ja noch nicht lesen kann. Sie hat ihn mir aber vorgelesen, und da steht: »Einladung! Liebe Großmutter, Kasper kann zu uns in den Kindergarten kommen! Er kann neue Spiele, Lieder, Geschichten und vieles mehr kennenlernen. Wir erwarten Sie und den Kasper am Montagmorgen im Kindergarten.«

Großmutter: (kommt auf die Bühne) Guten Tag, Kinder! Hallo, Kasper! Ich habe dich schon gesucht. Wir müssen dir noch ein paar Sachen besorgen, die du für den Kindergartenbesuch brauchst.
Kasper: Was für Sachen denn?
Großmutter: Das erzähle ich dir unterwegs, komm jetzt! (zu den Kindern) Ist das nicht toll? Jetzt kann der Kasper auch in den Kindergarten gehen.
Kasper: Ich wollte doch gerade Gretel und Seppel die Neuigkeit mitteilen, können wir nicht später gehen?
Großmutter: Natürlich, Kasper, komm dann vorbei, wenn du fertig bist! (Großmutter geht wieder von der Bühne)
Kasper: Die Großmutter, jetzt hat sie mich ganz verwirrt. Welche Sachen brauche ich denn, die haben im Kindergarten doch alles, oder? Was bringt ihr denn so mit?
Kinder: (erzählen von den Dingen, die sie mitbringen, zum Beispiel Kuscheltier, Hausschuhe, Zahnbürste, etwas zu essen...)
Kasper: Hmm! Na, dann muß ich zuerst mal die Gretel fragen, ob die auch was mitnimmt!

2. Szene

(Kasper und Gretel)
Kasper: (ruft Gretel, die Kinder können dabei helfen) Gretel, Gretel!
Gretel: Kasper, was ist denn los? Du schreist ja die ganze Welt zusammen. Und ihr, Kinder, helft ihm sogar dabei! Das muß ja wichtig sein, erzählt mal!
Kinder: (können antworten, daß der Kasper in den Kindergarten kommt)
Kasper: Ja, Gretel, stell dir vor, ich komme in den Kindergarten! Und da wollte ich dich fragen, was man da so alles braucht.

Gretel: Keine Angst!
Kasper: Angst habe ich keine! (Pause) Na ja, vielleicht ein wenig, aber nur so viel! (er zeigt es mit beiden Händen, es bleibt nur ein kleiner Spalt dazwischen)
Gretel: Um so besser. Ich habe am Anfang meinen Teddybären mitgenommen, damit ich nicht so alleine war. Aber weißt du was, die Kinder wissen sicherlich viel besser, was man in den ersten Tagen im Kindergarten braucht. Fragen wir sie doch einfach! (Gretel zeigt auf die Kinder)
Kinder: (Kinder erzählen, was sie mit in den Kindergarten nehmen oder gebracht haben. Vielleicht hat auch jemand ein Schmusetier oder ein Täschchen mit dabei.)

Kasper: Ich weiß nicht, vielleicht frage ich doch noch den Seppel. Bis später, Gretel! (Kasper geht von der Bühne, Gretel bleibt noch da)
Gretel: Der Kasper kommt in den Kindergarten, er ist ja ganz schön aufgeregt, aber das war ich am Anfang auch. Und geweint habe ich. Immer wenn meine Mama nach Hause ging. Aber ich glaube, es ist besser, wenn er das so schnell noch nicht erfährt! Bis später, Kinder! (Gretel geht von der Bühne)

3. Szene

(Kasper und Seppel)
(Kasper kommt mit Seppel auf die Bühne)
Seppel: So, du kommst also am Montag in den Kindergarten! Dann paß aber auf, daß du nicht geschubst wirst! Dann kannst du dir weh tun.

Kasper: Nein, nein. Ich paß' schon auf! Zur Sicherheit nehme ich aber besser noch eine Decke mit, dann falle ich weicher, wenn mich jemand hinschubst.
Seppel: Weißt du, was das wichtigste ist, was du nicht vergessen darfst? - Dir etwas zu essen mitzunehmen!
Kasper: Gretel nimmt ihren Teddy mit und du etwas zu essen. Jetzt weiß ich immer noch nicht, was ich mitnehmen soll. So ganz allein und nackt will ich nicht gehen!
Seppel: Dir fällt bestimmt was ein, wenn nicht, leihe ich dir am Montag mein Butterbrot und einen Apfel aus!
Kasper: Lieb von dir, ich werde dir Bescheid sagen! Jetzt muß ich zu Großmutter, die wartet schon auf mich. (Kasper und Seppel gehen von der Bühne.)

4. Szene

(Kasper und Großmutter; ein Paar blaue Socken)
(Kasper und Großmutter treffen sich in der Mitte der Bühne)
Großmutter: (hält Kasper die Socken hin)
Kasper: Grüne Strümpfe, die sind aber schön!
Großmutter: Kasper, die sind doch nicht grün, sondern blau! Es wird wirklich Zeit, daß du im Kindergarten die Farben lernst!
Kasper: Blau ist auch schön.
Großmutter: Nimm die Socken, die habe ich dir für deinen ersten Tag im Kindergarten gestrickt! Damit siehst du wunderbar aus.
Kasper: Das ist genau das, was ich brauche, Großmutter! Diese blauen Socken werden mich in den Kindergarten begleiten.
Großmutter: Eigentlich habe ich gedacht, du wirst sie an den Füßen tragen, aber wenn dir da-

durch die Trennung von mir leichter fällt, nimm sie als Begleiter mit. Verrückt warst du ja immer schon!
(Großmutter geht kopfschüttelnd von der Bühne)

5. Szene

(Kasper, die blauen Socken und eine Kiste)
Kasper: (ruft mehrmals laut durch den Raum) Ich habe endlich das gefunden, was ich für den Kindergartenbesuch brauche, ein Paar blaue Socken! Wo lege ich die nur bis Montag hin?
(Kasper schaut sich überall um und entdeckt die Kiste)
Das ist ein guter Platz! Hier werde ich sie aufbewahren, und dann kann an meinem ersten Tag nichts mehr schiefgehen!
(Kasper legt die Socken in die Kiste und geht von der Bühne)

6. Szene

(Hexe)
Hexe: Guten Tag, Kinder! Ich habe etwas gelauscht! Der Kasper hat gefunden, was er braucht, um in den Kindergarten gehen zu können. Ich möchte auch so gerne in den Kindergarten gehen, aber oft haben die Kinder Angst vor mir und sagen, ich sei böse. Aber das stimmt nicht, auf jeden Fall nicht immer. Oder?
Kinder: (antworten)
Hexe: Ich möchte nur mal wissen, was es ist, was der Kasper gefunden hat! Ob ich einfach mal nachschaue? Ja, ich tue es.
(Die Hexe öffnet die Kiste und schaut hinein.)
Schön sind sie ja. Und die braucht man, um in den Kindergarten gehen zu können, merkwürdig?! Ich werde sie mir ausborgen, damit ich in den Kindergarten gehen kann.
(Hexe nimmt die Socken aus der Kiste)
Aber damit der Kasper es nicht merkt, hexe ich ihm ein Paar andere Socken. Leider kann ich nur rote Socken hexen. Hm! Der Kasper wird bestimmt nichts merken. Hokuspokus, rote Locken, Hokuspokus, rote Socken!
(Sie nimmt die blauen Socken heraus; in die Kiste wurden schon vorher die roten Socken gelegt; so sieht es aus, als hätte die Hexe tatsächlich richtig gehext)
Wie man blaue Socken herbeihext, lerne ich im Kindergarten, dann werde ich Kasper die Socken wieder umtauschen. Verratet bitte nichts, Kinder! Aber so wie ich euch kenne, werdet ihr den Kasper ja doch gleich rufen! Dann verschwinde ich mal lieber!
(Hexe geht von der Bühne; Kinder rufen den Kasper)

7. Szene

(Kasper, Gretel)

Kasper: Ja, ja, ich komme ja schon! Was ist denn Schlimmes passiert, daß ihr so nach mir rufen müßt?

Kinder: (erzählen von der Hexe)

Kasper: (rennt zu seiner Kiste und nimmt die roten Socken heraus)

Oh, nein, jetzt kann ich nicht in den Kindergarten gehen. Ich wollte doch die blauen Socken mitnehmen, damit ich nicht so traurig sein muß. Und nun bin ich jetzt schon traurig. Huhuu!

(Kasper weint; Gretel hört es und kommt angerannt)

Gretel: Was ist denn nun los? Wieso sind denn deine Socken rot? Großmutter hat mir erzählt, sie hätte dir blaue Socken gestrickt.

Kasper: (weint)

Gretel: Habe ich etwas Falsches gesagt? Kinder, helft mir mal! Was ist denn mit den Socken passiert? Hat er sie zu heiß gewaschen und sind sie dadurch verfärbt?

Kinder: (erzählen, daß die Hexe die blauen Socken mitgenommen hat und dafür ein Paar rote herbeigehext habe. Und das alles nur, damit sie auch in den Kindergarten kann.)

Gretel: (fragt geschickt die Kinder aus, bis sie den ganzen Sachverhalt kennt)

Da muß ich ja zu allem Überfluß noch lachen. Die Hexe glaubt wohl, die blauen Socken seien die Eintrittskarte für den Kindergarten! Hahaha! Die wird sich wundern!

(Gretel tröstet den Kasper) Schau, Kasper, dann gehst du am Montag mit mir in den Kindergarten, da brauchst du die blauen Socken nicht! Rot ist doch auch eine schöne Farbe.

Kasper: (weint immer noch) Ich will aber meine blauen Socken wieder, sonst gehe ich nie und nimmer in den Kindergarten!

Gretel: Oje, das ist ernst! Was mache ich nur? Kinder, habt ihr eine Idee?

Kinder: (zählen Ideen auf)

Gretel: Kasper, hast du gehört? Wir könnten die Socken umfärben oder ein Paar neue kaufen, oder …

(Ideen der Kinder aufgreifen)

Kasper: Ich hab's. Wir nehmen die Hexe am Montag mit und sagen ihr, sie braucht keine Socken. Sie dürfe einfach so mitkommen. Und wenn sie es glaubt, dann wird sie mir meine blauen Socken schon wiedergeben. Oder?

Gretel: Dann mußt du es aber ernst meinen und sie wirklich mitnehmen.

Kasper: Ich habe noch eine bessere Idee. Wir sagen, Kasper brauchen blaue Socken, um in den Kindergarten gehen zu können, und Hexen rote.

Gretel: Das ist gut. Und auch verständlich! Komm, geh gleich zu ihr hin und nimm die roten Socken mit! Ich warte auf dich.

(Gretel geht von der Bühne; Kasper wandert umher und sucht die Hexe)

8. Szene

(Kasper und Hexe)

Kasper: Hexe! Hexe! Komm doch bitte einmal zu mir!

Hexe: Was gibt es denn, Kasper? Oh, du hast ja so schöne Socken bei dir!

Kasper: Jetzt tue bloß nicht so, als ob du die nicht kennen würdest! Die hast du mir doch gehext! Aber leider kann ich sie nicht gebrauchen, denn sie sind nur für kleine Hexen geeignet.

Hexe: Für mich, wieso?

Kasper: Weil Kasper blaue und Hexen rote

Socken brauchen, um in den Kindergarten gehen zu können!

Hexe: Stimmt das auch, Kasper, oder schwindelst du?

Kasper: Nur ein wenig, aber auf jeden Fall stimmt es, daß ich am Montag die blauen Socken von Großmutter brauche! Und die hast du!

Hexe: (gibt Kasper die blauen Socken und nimmt dafür die roten)
Geh du zuerst einmal in den Kindergarten, und dann erzähle mir, wie es war! Vielleicht komme ich dann am überübernächsten Dienstag in den Kindergarten.

Kasper: Sehr freundlich, Hexe! Ich werde den Kindern im Kindergarten erzählen, daß du gerne einmal kommen würdest. Vielleicht laden sie dich ja ein! Bis bald, ich muß schnell gehn, Gretel wartet auf mich!
(Kasper geht von der Bühne)

Hexe: Mal sehen! Wenn nicht überübernächsten Dienstag, dann ganz bestimmt überüberübernächsten Mittwoch, oder?
(Hexe geht auch von der Bühne)

9. Szene

(Kasper mit den blauen Socken und Gretel)

Gretel: Wie ich sehe, hat dein Tausch funktioniert!

Kasper: Ja, die Hexe hat eh viel mehr Angst und kommt erst am Dienstag, aber nur, wenn die Kinder es erlauben. Wie gut, daß du mit mir gehst, Gretel, sonst bräuchte ich womöglich noch eine blaue große Mütze, um mich darunter verstecken zu können! Tschüs, Kinder, bis bald im Kindergarten!
(beide gehen von der Bühne)

Andrea Heck

Malen mit Zuckerkreide

Diese Technik ist bereits für dreijährige Kinder geeignet. Die Kinder können mit der Kreide frei malen und experimentieren.

Man benötigt dazu

- $1/4$ l lauwarmes Wasser
- 1 Schüssel
- 5 Teelöffel Zucker
- bunte Tafelkreide
- 1 Materialschale aus Kunststoff
- festes, weißes Papier

Und so wird's gemacht

Das lauwarme Wasser in die Schüssel geben, darin den Zucker auflösen und die Kreidestücke hineinlegen. Zunächst schwimmen die Kreidestücke an der Oberfläche, später, wenn sie sich voll Wasser gesaugt haben, sinken sie zum Boden der Schale ab. Dies geschieht nach etwa 10 Minuten. Damit man beim Malen nicht immer ins Wasser greifen muß, um an die Kreide zu gelangen, wird die durchnäßte Kreide in die Materialschale gelegt. Mit dieser Kreide läßt sich nun wie mit Wachsmalkreide malen; auf festem, weißem Papier entstehen schöne, kräftige Farben, die sehr plastisch wirken. Nach einer Phase des freien Ausprobierens kann man die Kinder zum Malen von Schlangenlinien und Kreisen anregen. Einen tollen Effekt erzielt man, wenn man verschiedene Farben übereinander malt. Sobald die Kreide nicht mehr deckt, müssen die Stücke nochmals kurz ins Wasser gelegt werden. Das Schöne an diesen Bildern ist, daß sie – im Gegensatz zu Bildern, die mit Wasserfarbe gemalt wurden – schon nach kurzer Zeit getrocknet und somit transportfähig sind.

Beate Wagner

Knete, selbst gemacht

Diese schnell hergestellte Knete ist im Gebrauch sehr kindgerecht. Sie ist weich, gut formbar und ungiftig. Nach etwa 10 Wochen sollte man die Knete durch frisch zubereitete ersetzen.

Man benötigt dazu

- 20 g Weinsteinsäure (in Lebensmittelgeschäften oder in der Apotheke)
- Lebensmittelfarbe
- 3 Eßlöffel Speiseöl
- 1/2 l kochendes Wasser
- 250 g Salz
- 500 g Mehl

Und so wird's gemacht

Die Weinsteinsäure, einige Tropfen Lebensmittelfarbe und das Öl ins kochende Wasser geben. Salz und Mehl vermischen, das Wasser hinzugeben und alles gut durchkneten. Fertig.

Wichtig

Nach dem Gebrauch die Knete immer wieder luftdicht verschließen, da sie sonst austrocknet.

Astrid Reismann

Ratet, was ich tue!

Dies ist ein Pantomimenspiel für eine Kindergruppe. Die Kinder lernen dabei, sich genauer zu beobachten, unterschiedliche Verhaltensweisen kennen, sich verbal über dieses Verhalten zu äußern, Verhaltensweisen pantomimisch darzustellen.

Und so wird gespielt

Die Kinder sitzen im Kreis. In der Kreismitte muß genug Platz zum Vorspielen bleiben. Nacheinander darf sich jedes Kind etwas überlegen, was es pantomimisch darstellen möchte. Alle anderen Kinder müssen die Tätigkeit erraten. Ist dies zu schwierig, kann die Spielleiterin/der Spielleiter auch Begriffe vorgeben, die von den Kindern pantomimisch dargestellt werden sollen (zum Beispiel »Wer kann uns zeigen, wie man sich die Zähne putzt?«). Hierzu noch einige Anregungen: essen, sich kämmen, trinken, müde sein, telefonieren, Angst haben, traurig sein, beleidigt sein, zärtlich sein/schmusen …

Uta Teuber

Darauf bin ich wahnsinnig gespannt!

Refrain

Darauf bin ich wahnsinnig gespannt –
ihr nennt es doch das Buchstaben- und
Zahlenwunderland;
wer dort einmal war, ist mächtig schlau,
denn er kann lesen, schreiben und rechnen –
ganz genau!

1.
Morgen früh besuchen wir die Schule,
da dürfen nur die großen Kinder hin.
Mit mir gehen Kathrin und die Jule,
was bin ich froh, daß ich so alt schon bin.
Refrain: Darauf bin ich …

2.
Alles ist sehr groß an dem Gebäude;
der Kindergarten wirkt dagegen klein.
Doch es gibt ja auch so viele Leute,
die wollen schlau und ganz gebildet sein.
Refrain: Darauf bin ich …

3.
Ab und zu ertönt die Schulhausklingel,
die sagt: Es ist nun Pause – freie Zeit!
Sofort ist auf dem Schulhof ein Gewimmel,
und jeder hält sein Pausenbrot bereit.
Refrain: Darauf bin ich …

4.
Meine kleine Kindergartentasche
tausch' ich gegen einen Ranzen ein.
Außer Früchten, Brot und meiner Flasche
müssen dort noch Bücher, Stifte rein.
Refrain: Darauf bin ich …

Judith Rosch

Musik ist schön

Die Katharina lob' ich mir.
Sie spielt mit viel Gefühl

Recht starke Töne kann Annette
entlocken ihrer

Voll Charme, stark rhythmisch bläst die Grete
in dem Orchester die

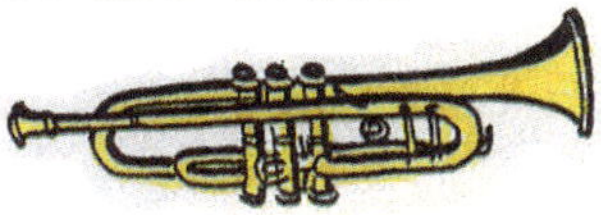

Daß jedermann im Saale schweige,
ist wünschenswert beim Klang der

Johann, von altem Schrot und Korn,
der stößt stets kraftvoll in sein

Und überall herrscht frohe Laune,
wenn Eberhard greift zur

Hans-Joachim Ludwig

Heut lach' ich mich kaputt

Lachen ist gesund, und Kinder haben im allgemeinen keine Probleme, so richtig von Herzen zu lachen. Wenn aber dennoch einmal schlechte Laune herrscht oder die Tränen kullern, können die lustigen Gedichte, Lieder und Spiele in diesem Kapitel bestimmt zur Abhilfe beitragen, so daß auch im Kinderzimmer bald die Sonne wieder scheint.

Reim dich oder freß mich

1.

Ich lag einmal am Strand,
vergrub mich dann im Sand;
man sah nur noch die Hand,
die dann im Sand verschwand.

Refrain

Ein A wie Schmaddel-Knaddel-
Schwaddel-Waddel-Knaddel-
Haddel-Knaddel-Bamm.

2.

Ich kriegte einen Schreck
und landete im Dreck,
dann gab's 'nen Riesenfleck,
der ging mit nix mehr weg.

Refrain

Ein E wie Schmeddel-Kneddel-
Schweddel-Weddel-Kneddel-
Heddel-Kneddel-Bemm.

3.

Ich hatte mal 'nen Stich,
der juckte fürchterlich,
und seitdem sage ich:
»Eßt lieber Bienenstich!«

Refrain

Ein I wie Schmiddel-Kniddel-
Schwiddel-Widdel-Kniddel-
Hiddel-Kniddel-Bimm.

4.

Ich war einmal im Schloß,
dort ritt ich hoch zu Roß
hinab ins Erdgeschoß;
oh, wie ich das genoß!

Refrain

Ein O wie Schmoddel-Knoddel-
Schwoddel-Woddel-Knoddel-
Hoddel-Knoddel-Bomm.

5.

Ich hatte mal 'nen Hund,
fidel und kerngesund;
dann fraß er tierisch und
wurd' dick und kugelrund.

Refrain

Ein U wie Schmuddel-Knuddel-
Schwuddel-Wuddel-Knuddel-
Huddel-Knuddel-Bumm.

Judith Rosch

Klaus und Fritz

Es war einmal ein Tunichtgut,
ein unverfrorenes junges Blut.
Das war der schlimme, freche Klaus.
Der streckte gern die Zunge raus.

Kam mal ein ernster Mann daher,
dann grinste Klaus, wer weiß wie sehr.
»Du blöder Bengel!« sprach der Mann
und sah den Buben böse an.

Der machte sich gewiß nichts daraus.
Wen wundert's! War es doch der Klaus!
Und kam die Witwe Kunz vorbei,
dann rief er: »Schöne Frau, ei, ei!«

So ging das wohl jahraus, jahrein.
Klaus ließ die Späße niemals sein.
Er neckte jeden, kreuz und quer.
Die Eltern tadelten ihn sehr.

Doch als die Kindheit war vorbei,
da ließ er stracks die Spötterei.
Er wurde gar ein ernster Mann
und sah die Buben böse an.

Er litt nicht Scherz, nicht Spaß, nicht Witz.
Der schlimmste Bube war der Fritz.
Da schwärzte Klaus – als großer Mann –
den Fritz bei seinen Eltern an.

Der Fritz, ein rechter Tunichtgut,
der hatte eine große Wut.
Und als der Klaus kam aus dem Haus,
da streckt' ihm Fritz die Zunge raus.

Bäh!

Hans-Loachim Ludwig

Das Handtelefon

Ein einfaches Rohr, schnell aus Tonpapier zusammengeklebt, wird zum Sprachrohr und Fühlrohr für die Hände. Wie man damit auf ganz neue Art und Weise kommunizieren kann, zeigen die folgenden Vorschläge.

Man benötigt dazu

- Tonpapier
- Klebstoff

Spielidee

Aus Tonpapier werden Rohre gebaut, Telefone zum Hineinfassen. Die Kinder können sich in der Rolle mit den Händen begrüßen, sich streicheln oder kitzeln. Verschiedene Handgespräche finden in dem Handtelefon statt. Natürlich wird auch durchgeschaut, durchgerufen und vieles mehr.

Rundgespräche im Kreis

Die Kinder sitzen im Kreis. Ein Kind beginnt und steckt seine Hand in das Rohr des Nachbarn. Es begrüßt ihn auf eine nicht »sehbare« Art und Weise. Das begrüßte Kind greift in das Rohr seines Nachbarn und gibt die Begrüßung so weiter, wie zuvor erlebt. Und mal sehen, welche Begrüßung am Ende der Kette herauskommt. Ist es noch die gleiche wie zu Anfang? Oder gab es unterwegs vielleicht eine Störung? Danach kommt ein anderes Kind mit einer neuen Begrüßung an die Reihe.

Andrea Heck

Märchenwelt

Beispiel I
Frage: Was wäre, wenn die Blumen auf der Wiese aus Schokolade wären?
Mögliche Antwort: Sie würden in der Sonne schmelzen!

Beispiel II
Frage: Was wäre, wenn die Fenster und Türen aus Papier wären?
Mögliche Antwort: Bei Regen würden die Fenster aufweichen! Starker Wind würde die Fenster und Türen zerreißen!

Lustige Begebenheiten werden von Kindern sehr gerne und ganz unterbewußt als Sprachmotivation genutzt. Oft reichen schon kleine lustige Sätze aus, um sie zum Weiterspinnen von Fantasiegeschichten anzuregen.

Als Beispiel seien hier einige »Was-wäre-wenn-Fragen« aufgeführt:
Was wäre, wenn ...
- die Blumen auf der Wiese aus Schokolade wären.
- die Fenster und Türen aus Papier wären.
- die Hausdächer aus Zuckerguß wären.
- in Schwimmbädern Himbeersauce wäre.
- Bäume aus Glas wären.

Durch diese Fragen werden Kinder zunächst einmal angeregt zu überlegen, was ist wenn ...? Später werden sie dann dazu übergehen, selbst Fragen zu erfinden.

Eine mögliche Weiterführung dieses Spiels wäre das Malen und Gestalten der Fantasieaussagen und Fantasiegedanken, was die meisten Kinder mit Begeisterung tun, da es weder ein »Richtig« noch ein »Falsch« gibt!

Beate Wagner/Mirjam Bach

Die reine Wahrheit

Still war es im Kinderzimmer,
als Jan toll vor Freude schrie,
und die Kuh mit ihrem Rüssel
dreimal machte Kikeriki.

Katzen bellten, Hunde quakten,
Enten, die miauten laut.
Und ein Schmetterling, der kriegte
dadurch eine Gänsehaut.

Ziegen krähten, Frösche brummten,
und ein Pferd sang wunderbar.
Tiger pfiffen Jägerlieder,
kitzelten ein Dromedar.

Esel tanzten auf dem Drahtseil,
Mäuse standen auf dem Kopf,
Pinguine spielten Tennis.
Reden schwang ein Wiedehopf.

All das ist die reine Wahrheit,
wenn es auch bei Nacht geschah.
Hell und grell schien da die Sonne,
was auch jeder Blinde sah.

Adler tauchten in die Flüsse.
Glaubt es oder glaubt es nicht!
Schlangen trällerten ein Liedchen.
Und ein Bär schrieb dies Gedicht.

Hans-Joachim Ludwig

Der tierische Gesangverein

Die folgende Geschichte kann als Sonate für 25 lautstarke Kinder aufgeführt werden. Wie man das inszeniert, ist am Ende beschrieben.

Und so geht die Geschichte

Heute nacht mußte es passieren, das war so klar wie Bouillon ohne Eierstücke: Heut nacht würde sie das Weite suchen. Beim Gedanken daran sträubte sich ihr braunes Fell im Nacken, und ihre kleinen Füßchen trippelten unruhig auf dem Boden ihrer Untergrundwohnhöhle hin und her. Ronja war – wie könnte es anders sein – eine winzige Feldmaus.

Ihre Drei-Zimmer-Wohnhöhle in bester Wohnlage unter dem Haferfeld von Bauer Sauer liebte sie sehr. Jeden Samstagnachmittag, wenn sie in der Badewanne lag und den Badewannentango pfiff, träumte sie davon, eine berühmte Dirigentin zu werden und ein großes Orchester zu dirigieren. Sie wollte andere Orte bereisen und fremde Sprachen sprechen und verstehen lernen. Sie wollte wissen, wie die Welt jenseits des Haferfeldes aussah, und sich nicht länger in ihrem Mauseloch verkriechen ... Und jetzt – war es soweit!

Mit ihrem kleinen Bündel schritt sie in die Dunkelheit hinein. Der Mond schien hell, und Fledermäuse kreisten am Himmel. **(1)** Es kam ein wenig Wind auf, und Ronja fröstelte. Der Wind wurde immer stärker, wurde zum Sturm – Regen prasselte herab.

Ronjas Fell fühlte sich an wie ein nasser Waschlappen. Dicke, schwarze Wolken hatten den Mond verdunkelt. »Alles nur nicht vom Donner berührt und vom Blitz getroffen werden!« dachte sie bei sich. Sie nahm die Beine in die Hand und rannte auf ein kleines Licht zu, das in der Ferne aufleuchtete.

»Das Donnergrollen hört sich an wie der Magen einer Katze, die schon seit Jahren keinen Mäusebraten mehr gegessen hat, und die Blitze erinnern mich an das Funkeln ihrer Augen, wenn ich ihr schon wieder entwischt bin«, dachte Ronja, während sie sich dem Licht näherte. Bald schon konnte sie erkennen, wo das Licht herkam: nämlich von einem kleinen Haus, das mitten im Wald stand. Ronja kroch durch den kleinen Spalt einer Holztür und gelangte in einen finsteren Raum, der merkwürdig duftete. Vorsichtig tastete sie sich vorwärts.

Plötzlich fühlte sie ein kleines rundes Ding mit zwei Löchern in der Mitte. »Das muß eine Steckdose sein«, dachte sie, »ja, natürlich, hier am anderen Ende findet sich ja auch noch ein geringeltes Kabel, das wohl dazugehört!« – »Na prima«, flüsterte sie, »jetzt muß ich nur noch das Kabel in die Steckdose tun, dann geht hier das Licht an!« Aber das war gar nicht so einfach: das geringelte Kabel schwenkte mal hierhin, mal dorthin ... und gerade, als Ronja es fest im Griff hatte, stieß das Ding am Kabel einen Ton aus. Ronja machte entsetzt einen Satz nach hinten und wäre dabei beinahe in einem Kuhfladen versunken.

(2) »Grunz-grunz-grunz«, mit tiefem Schweinesprachengetön wollte die Sau den Eindringling Ronja vertreiben. Ihre Ferkel fielen gleich mit ihren hellen Stimmchen ein :»Grunz-grunz-grunz-grunz-grunz ...«

Ronja suchte sich ein sicheres Versteck hinter einer Milchkanne und lauschte gespannt den Stimmen.

Von dem Radau im Schweinestall wurden die Kühe wach. Die großen Kühe muhten in tiefen Tönen, die Kälbchen stimmten verschlafen mit ihren hellen Stimmchen ein: »Muh-muh, muuuh, muh ...«

Weil ein Kälbchen beim Aufstehen der Katze auf den Schwanz getreten war, miaute die Katze die

Tiere im Stall vorwurfsvoll an und jammerte: »Maiu, miau, miau ...«
Kein Wunder, daß die Pferde unruhig wurden und laut vom Nachbarstall herüberwieherten, um zu erfahren, was denn da wohl los sei: »Wiehh-jüühh, wieh-jüühh ...«
Der Hahn, der von dem Lärm ebenfalls aufwachte, dachte erschrocken, er hätte verschlafen, krähte aus Leibeskräften, und die Hühner stimmten ein: »Kikeriki, ga-ga-ga-gak, kikeriki, ga-ga-ga-gak ...«
Als der Hofhund das Durcheinander hörte, dachte er gleich an Einbrecher und bellte laut, um den Bauern Sauer aufzuwecken: »Wau- wauwauuuuuh, wau-wau-wauuh ...«
Doch der Bauer träumte gerade von einem funkelnagelneuen Traktor mit Schiebedach und Rallyesitz und dachte nicht daran, sich aus seinen Träumen wecken zu lassen. Er schnarchte zufrieden weiter: »Chrrrr-zummm, Chrrrrr-zummm ...«
Die Maus lauschte ergriffen; so etwas Schönes hatte sie in ihrem ganzen Leben noch nicht gehört: »grunz-grunz-grunz, Muh-muuuh, Miaumiau, wiehh-jüüüh, ga-ga-ga-gak, Kikeriki, Wau–wauuh, Chrrrz–zumm, Chrrz–zumm, Grunz–grunz, Muh–muuuh...«

Für Ronja sang dieses große Orchester, jeder in seiner eigenen Sprache. Alle zusammen hörten sich so wunderbar an, daß Ronja sich einen Strohhalm vom Boden nahm und anfing, den tierischen Gesangverein zu dirigieren. Niemand der Tiere konnte sie sehen, aber für Ronja war es, als stünde sie mit ihnen auf der großen Bühne einer Oper oder eines Theaters. Grunz, wieher, wau–wauuh, muh-muuuuh, miau-miau ...«
Allmählich verebbte der Gesang, die Vorstellung neigte sich dem Ende zu. Nachdem auch das Gebell des Hundes verstummte, ließ Ronja den Dirigentenstab sinken und verbeugte sich. Das Geschnarche des Bauern klang für sie wie der tosende Applaus des Publikums. Stolz schritt sie zur Tür, begrüßte die ersten Sonnenstrahlen und erspähte am Wohnhaus eine Vorratskammer. »Hm, Frühstück, das habe ich mir jetzt verdient«, dachte sie und stibitzte sich ein dickes Stück Käse, in das der Sohn des Bauern Sauer mit einer Schrotflinte zusätzlich ein paar Löcher geschossen hatte.

Dann ging Ronja weiter – in Richtung Süden – immer der Sonne nach. Sie hatte einmal gehört, daß es dort Urwald gäbe, mit seltsamen Tieren, die sich von Baum zu Baum hangeln, und Vögel mit riesigen Schnäbeln sollten dort leben, die wunderbar singen könnten.
Vielleicht kommt Ronja auf ihrem Weg auch mal bei euch vorbei! Dann singt ihr doch bitte eines eurer Lieblingslieder vor! Ich bin sicher, Ronja wird vor Entzücken in Ohnmacht fallen!

Und so wird gespielt

(1) Durch Fragen an die Kinder feststellen, ob die Geschichte bis hierhin verstanden wurde und wie sich die Kinder ein Unwetter vorstellen.
Mögliche Fragen und Antworten:
Frage: Wie hört sich ein Gewitter an?
Kinder antworten: Der Wind bläst, Äste krachen aneinander, der Regen trommelt auf Hausdächer ...
Frage: Was sieht man bei einem Gewitter?
Kinder antworten: Blitze erhellen den Himmel ...
Frage: Können wir mit unserem Körper als Instrument das Unwetter lebendig werden lassen? usw.

(2) Ab hier ist die Fantasie der Kinder noch stärker gefordert (Was wird das wohl für ein »Ding am Kabel« gewesen sein?), und nicht nur das, sie sollen jetzt auch aktiv mitwirken! Wobei dieses aktive Mitwirken in der Wiedergabe der einzelnen Tierstimmen besteht.
Dazu teilt man die Kinder am besten in kleine Gruppen von drei bis vier Kindern ein. Jede Gruppe ahmt nun lautstark – an entsprechender Textstelle – das Tiergeräusch, das sie sich zuvor ausgesucht hat, nach.
Sie werden staunen, wie toll sich dieser Kinder-Tiergeräuschechor anhört; fast sollte man meinen, man stehe mitten in Bauer Sauers Hof!

Margit Schillo

Von Spatzen und Katzen

Das folgende Gedicht beinhaltet eine Fülle von Zischlauten, die vielen Kindern im Vorschulalter noch Schwierigkeiten bereiten. Im spannenden Text versteckt, können sie auf spielerische Art und Weise geübt werden.
Die Rhythmik des Reims läßt die Sprache fließen. Stotternden oder stammelnden Kindern gibt man zur Unterstützung am besten Klangstäbe – oder ein einfaches Schlaginstrument, womit sie das Gedicht im Sprechtakt begleiten können.

Übrigens

Wer möchte, kann das Gedicht auch noch klanglich untermalen! Geeignete Orff–Instrumente wären: Fingercymbeln, Tamburin mit Fellkopfschlegel, einzelne Töne des Glockenspiels, hängendes Becken (für den Blitz) und Stielkastagnetten.

Zwei Spatzen sitzen auf dem Dach
und schwatzen.
Da kommt die Katze, ganz gemach,
auf ihren weichen Tatzen.
Sie sieht die Spatzen dort oben sitzen
und will – wie der Blitz – zu ihnen
flitzen,
um sie mit einem einzigen Haps
zu fressen!
Doch das merkt der eine Spatz
und flidderdifludderdifladderadatz
sind sie weg –
und zurück bleibt die Katz'.
Und wie sie dort so alleine sitzt,
da denkt sie nur noch:
»Mensch, so'n Mist!«

Isabelle Henry-Selzer

Die Kuckucksuhr

Er ruft und ruft bei Tag und Nacht,
als wär' er nicht gescheit,
hat manchen um den Schlaf gebracht.
Man hört ihn weit und breit.

Dabei ist er aus Holz gemacht,
sogar sein Federkleid.
Was hat der Kuckuck sich gedacht,
daß er so lauthals schreit?

Nun schimpft bloß nicht! Er hält die Wacht
zu jeder Jahreszeit.
Brav ruft er achtmal um Punkt acht.
Er sagt uns stets die Zeit.

Drum sei der Kuckuck hoch gelobt!
Wir schätzen ihn schon sehr.
Dies Tier aus Holz ist wohl erprobt.
Was wollen wir noch mehr?

Hans-Joachim Ludwig

Wetten, daß...

1.
Wetten, daß ein Hahn nie Eier legen kann,
dafür fängt fast jeder mal zu tropfen an!

2.
Wetten, ich beiß' einfach in die Tasche rein,
in ihr steckt ein Apfel, das schmeckt wirklich
fein!

3.
Wetten, vor den Wespen bist du auf der Hut –
doch auf deinem Kopf der Hut steht dir
sehr gut!

4.
Wetten, daß mir der Schimmel immer gut schmeckt,
und mir die Hand nach Zuckerstückchen ableckt?

5.
Wetten, ich hab' Nägel, zehn Stück an der
Hand,
doch ich schlag diese niemals in die Wand!

6.
Wetten, daß es morgen Zopf zum Frühstück gibt,
denn der ist nicht nur an manchem Kopf beliebt!

Judith Rosch

Alphabetzungenbrecher

Das Aufsagen von Zungenbrechern eignet sich nicht nur bestens als Training für eine deutliche Aussprache, sondern macht Kindern zudem noch riesigen Spaß. Die nachfolgenden Alphabetzungenbrecher sollen einen Anreiz geben, gemeinsam mit den Kindern für jeden Buchstaben des Alphabetes einen Zungenbrecher zu dichten.

Adelige Affen ärgern allzugern
aalglatte Angeber.

Berthas blonde Buben brechen
bunte Blumen in Berlin.

Cowboy Cäsar checkt clever
cremigen Camembert-Cheesburger.

Dicke Dachdecker decken das defekte
Dach der Dorfkirche.

Einige Elfen essen emsig eingelegte
Essiggurken.

Freundliche Finnen fangen frische
Forellen für Fredis fünf
friedliche Freunde.

Gustavs Großvater gibt Gabi gerne
gutschmeckenden Gulasch.

Hansis handgestrickte Handschuhe
hängen hinter Holgers hellblauem
Hemd.

Irmgard ißt Inges indonesische
Ingwerbonbons im Innern des
Iglus.

Jonglierende Jungen jagen Jäger
Juppis Jagdhund.

Mirjam Bach

Als die Mulle bellen wollte

In dieser Geschichte wurden absichtlich immer Laute der einzelnen Tiere weggelassen; diese sollen während des Vorlesens/Erzählens von den Kindern eingesetzt werden.

Und so geht die Geschichte

Eine Katze namens Mulle wollte bellen können wie ein Hund. Darum ging sie in die Fremdsprachenschule der Tiere, Abteilung Hunde. Zuerst sollte sie das Knurren, das Original-Hundeknurren, erlernen. Aber die Mulle wollte und wollte es nicht schaffen. Es kam bei ihr nie ein Knurren heraus, sondern immer nur ein leises ... (Schnurren).

Nun hatte ein sehr würdiger Ziegenbock, der Studienrat Doppelhorn, in den Unterricht einen kleinen Hund mitgebracht. Zu ihm sagte der Ziegenbock-Studienrat: »Also, mein lieber Hund, jetzt belle unseren Katzenschülerinnen, ja allen Tieren in der Fremdsprachenklasse, hübsch etwas vor!« Der Hund namens Lumpi ließ sich nicht lange bitten und fing aus Leibeskräften zu kläffen an. »Gut, gut« sagte dann der Ziegenbock-Studienrat. »Jetzt wollen wir mal hören, was unsere Kätzchen leisten können. Mulle, du bist dran! Jetzt belle mal schön! Der Lumpi hat es dir ja ausgezeichnet vorgemacht!« Ach, was hat sich da die kleine Mulle für Mühe gegeben! Immer noch mal! Und immer noch mal! Herausgekommen ist aber immer bloß ein ... (Miau, miau). Auch ein Hahn wollte in der Klasse sein Glück versuchen, ein gewisser Gockelmann. Aber jedesmal, wenn er so richtig losbellen wollte, ertönte sein ... (Kikeriki). Dann kam ein Esel an die Reihe. Er sagte: »Hier unter uns Tieren bin ich doch so ziemlich der Größte!« Studienrat Doppelhorn, der Ziegenbock, nickte. »Recht so«, sagte er. »Jetzt bin ich gespannt, wie du das Bellen herausbringen wirst!« Der Esel warf sich in die Brust und meinte: »Für mich ist das eine Kleinigkeit!« Aber so sehr er sich auch bemühte, er schaffte immer nur den Eselsruf ... (I-a, i-a, i-a). Da lachte zuerst der Ziegenbock und dann lachten alle anderen Tiere. Und Studienrat Doppelhorn erklärte den Bellunterricht für beendet. »Ich kann nämlich auch nicht bellen«, gestand er. Und dann meckerte er den Tieren ein Viertelstündchen lang etwas vor – so lange, bis sich alle Tiere die Ohren zuhielten und wegliefen.

Hans-Joachim Ludwig

Laß mich mal springen!

Kinder spielen auf der Straße,
und sie springen mit dem Seil.
Kommt dazu der kleine Patrick,
nähm' am Spiel recht gerne teil.

Und er sagt: »Laß mir mal springen!«
Geht Frau Dickbein grad vorbei.
»Patrick, nein, laß mich mal springen!
Denn so heißt es fehlerfrei!«

Patrick, der versteht nicht richtig.
»Gebt Frau Dickbein mal das Seil!
Ja! Au ja, laßt ihr mal springen!
Das wird super alleweil!«

Hans-Joachim Ludwig

Frau Zange und Herr Hammer

Herr Hammer und Frau Zange,
die zankten sich schon lange
im Schuppen Seit' an Seite,
voll Spaß an diesem Streite.

Herr Hammer sprach:
»Ich schlage
mit Kraft in jeder Lage
die Nägel in die Wände,
brech' alle Widerstände!

Doch Sie, Frau Zange, machen
nur kinderleichte Sachen.
Sie können höchstens kneifen,
selbst wenn Sie noch so keifen!«

Voll Zorn war da Frau Zange.
Sie hatte keine Bange.
Sie konnt' nicht länger
schweigen.
Sie wollt' es ihm schon zeigen.

Frau Zange sprach: »Was soll's?
Ihr Stiel ist bloß aus Holz!«
Sie biß hinein. O Jammer,
da wimmerte der Hammer.

Von nun an war man friedlich.
Das Paar wirkt jetzt
fast niedlich –
Frau Zange und Herr Hammer
in ihrer Werkstattkammer.

Hans-Joachim Ludwig

Der süße Mond

Der Mond,
der müßt' aus Pudding sein
oder aus Eiskrem.
Das wär' fein.

Mein Arm, der wär' dann riesig lang.
Ich stellt' mich noch auf eine Bank,
um nah an ihn heranzureichen –
mit einem Löffel ohnegleichen.

Bei Vollmond wär's besonders schön.
Da könntet ihr mich naschen sehn.
Grad eine Sichel blieb' zum Schluß –
weil immer etwas bleiben muß.

Denn wachsen sollt' er wieder fein,
erneut mein süßer Vollmond sein.

Hans-Joachim Ludwig

Spiele zum Lachen und Staunen

Mit ganz einfachen Mitteln kann man lustige Spiele gestalten, die die Kinder Bekanntes auf ungewöhnliche Weise neu entdecken lassen.

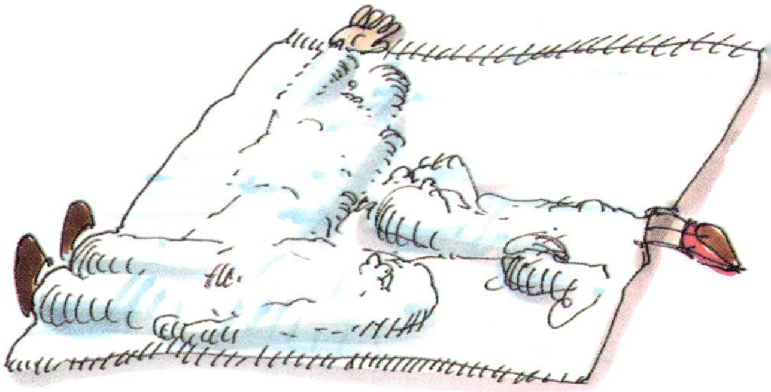

Spiegelspiele

Man benötigt dazu

– 1 Handspiegel
– kleine Spiegelchen, Spiegelecken

Alles steht Kopf

Wer hat sich nicht schon einmal gewünscht, auf dem Kopf gehen zu können? Ein Spiegel macht es möglich.
Den Spiegel vor das Gesicht halten und losmarschieren! Und plötzlich stehen einem da Lampen, Türstürze und vieles Neue mehr im Weg.

Der verzauberte Spiegel

Einzelne Spiegelecken beziehungsweise -teile (keine Scherben verwenden; Verletzungsgefahr!) aneinandersetzen oder festkleben – das Ergebnis ist verzerrend. Jetzt sieht sich jeder wie im Wunderland, mal hier ein Stück vom Kopf, dort drei Augen und viele Überraschungen mehr.

Andrea Heck

Wer steckt unter den Tüchern?

Man benötigt dazu

– mehrere Bettücher oder Wolldecken

Und so wird gespielt

Die Kinder werden in zwei Gruppen aufgeteilt. Eine Gruppe verläßt den Raum, die andere Gruppe legt sich so unter die Tücher/Decken, daß ein Teil eines jeden Kindes (Finger, Fuß, Haare) zu sehen ist. Da dieses teilweise Zudecken gar nicht so einfach ist, sollte nach Möglichkeit die Spielleiterin/der Spielleiter ein wenig behilflich sein. Liegen alle Kinder zugedeckt in einer Reihe, wird die andere Gruppe hereingerufen. Diese soll nun erraten, welches Kind unter welcher Decke/welchem Tuch liegt. Dabei dürfen die Kinder, die es zu erkennen gilt, weder berührt noch zum Sprechen gebracht werden. Sind alle Kinder richtig geraten, werden die Rollen getauscht.

Mirjam Bach

Gedichte zum Ergänzen

Wenn ich schlummer'

Wenn ich schlummer',
macht mir Kummer
jeder Brummer.
Denn der Summer
ist kein Stummer,
stört im Schlaf mich,
so ein ... (Dummer).

Hans-Joachim Ludwig

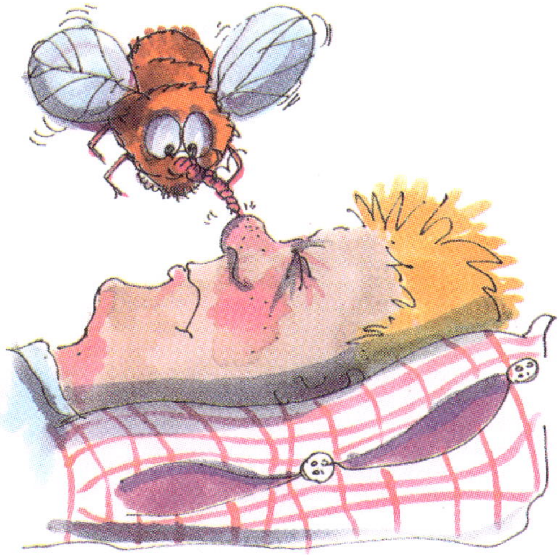

Patrick Krause

Patrick Krause
sitzt zu Hause,
trinkt viel Brause,
liebt Geschmause.
Der Banause
ißt und trinkt
fast ohne ... (Pause).

Hans-Joachim Ludwig

Abzählreime

Klapper-Schlangen-Sabber-Latz.
Weg mit dir, du kleiner Fratz!

Schmause-Brause-Pause-Laus.
Sause weg wie eine Maus!

Röhren-Möhren-Schnecken-Schnack.
Geh! Sonst kommst du in den Sack!

Hans-Joachim Ludwig

Die Welt ist rund und bunt

Daß die Welt größer und vielfältiger ist, als die Kinder es aus ihrer direkten heimischen Umgebung kennen, merken sie schon recht früh. Da sind vielleicht ein paar ausländische Kinder mit in der Kindergartengruppe, auf dem Spielplatz werden Bekanntschaften mit Kindern aus verschiedenen Ländern gemacht, oder man lernt Spiele aus einem ganz fremden Kulturkreis kennen. Wie interessant es ist, sich mit Menschen aus anderen Ländern und ihrem Leben zu beschäftigen, zeigt dieses Kapitel.

Wir sprechen verschiedene Sprachen

Refrain

Laß uns zusammen die Welt erobern,
ein Stückchen Weg gemeinsam gehn!
Sprechen wir auch verschiedene Sprachen,
wir wollen lernen, einander zu verstehen.

1.
Ich sag' zu dir: »Ich mag dich, du!«
und nehm' dich bei der Hand.
Du sagst zu mir: »I like you, too,
wie gut, daß ich dich fand!«
Refrain: Laß uns zusammen ...

2.
Ich sag' zu dir: »Komm, spiel mit mir!«
und nehm dich bei der Hand.
Du sagst zu mir: »Avec plaisir!
Wie gut, daß ich dich fand!«
Refrain: Laß uns zusammen ...

3.
»Mio amigo«, sagst du zu mir
und nimmst mich bei der Hand.
»Nix capito«, sag' ich zu dir,
»doch gut, daß ich dich fand!«
Refrain: Laß uns zusammen ...

4.
Ein jedes Kind aus fremdem Land
braucht manchmal deine Hand!
Zeige ihm, daß du zu ihm stehst,
ein Stück Weg mit ihm gehst!
Refrain: Laß uns zusammen ...

Text: Margit Schillo
Musik: Judith Rosch

Dentro nell buio

Dentro nell buio ist italienisch und heißt: im Dunkeln. Es handelt sich dabei um ein Versteckspiel im Dunkeln, bestens geeignet für alle, die sich fürchten wollen ...

Und so wird gespielt

In einem abgedunkelten Raum verstecken sich 5 bis 10 Kinder. (Die Zahl richtet sich nach der Größe des Raumes.) Ein Kind, der Bui-Bui-Spieler, geht nun auf die Suche, das heißt, es krabbelt in den dunklen Raum und versucht, die anderen zu finden. Dabei ruft es immer wieder leise »Bui-Bui«. Hat es ein Kind gefunden, so hält dieses sich an ihm fest, und gemeinsam gehen sie weiter auf die Suche. Sie rufen jetzt beide »Bui-Bui, Bui-Bui ...«. Je mehr Kinder gefunden werden, desto länger wird die Schlange und das »Bui-Bui« immer lauter. Sind alle Kinder gefunden, so kann das Spiel von vorne beginnen und der Bui-Bui-Spieler ausgetauscht werden.

Übrigens

Bei diesem Spiel kommt es darauf an, sich im Dunkeln zurechtzufinden, sich heranzutasten. Tast- und Gehörsinn spielen eine große Rolle. »Wo bin ich gerade, wen oder was berühre ich, wo höre ich die anderen?«, das alles sind Fragen, die die Kinder sich stellen. Beim Verstecken genauso wie beim Suchen. Am Anfang ist der Bui-Bui-Spieler alleine, er muß seine Angst überwinden und loskrabbeln in den dunklen Raum. Aber sehr bald merkt er, daß er doch nicht alleine ist. Gekichere aus allen Ecken, hier mal ein Fuß, dort ein Arm, und schon hat er einen Helfer gefunden. Auch die Kinder, die die ganze Zeit darauf warten, endlich gefunden zu werden, und sich so ruhig wie möglich verhalten, zeigen ganz schön Mut.

Andrea Heck

Zusammenwachsen

Ziel des Spieles ist es, Kooperation statt Wettbewerb spielerisch einzuüben. Das Spiel verläuft nonverbal, Reden ist also nicht erwünscht. Drei Phasen werden durchlaufen: Zusammenwachsen zu zweit, in Kleingruppen und schließlich in der Großgruppe.

Zusammenwachsen zu zweit (in der Dyade)

Die Kinder bilden Paare und zeigen ihre Zusammengehörigkeit durch äußere »Marker« an. Beispiele hierzu:
– gemeinsam in einem Hula-Hoop-Ring stehen
– zu zweit in ein riesiges T-Shirt schlüpfen
– sich zwei Masken anfertigen und aufsetzen
– sich gemeinsam einen Gürtel um den Bauch binden

Zusammenwachsen in Kleingruppen

Die Paare verbinden sich zu Vierergruppen, der Kontakt wird dichter.
Beispiele hierzu:
– vier Kinder steigen in einen Hula-Hoop-Ring
– vier Kinder erfinden ein Lied und dürfen es vorsingen
– vier Kinder fertigen sich ähnliche Masken an
– vier Kinder schlingen sich ein Band um den Bauch
– vier Kinder setzen sich gemeinsam auf eine Decke

Zusammenwachsen zur Großgruppe

Dieses Mal versuchen alle Kinder, ein gemeinsames Zeichen für ihre Gruppe zu finden oder gemeinsames Handeln zu zeigen.
Beispiele hierzu:
– alle Kinder sitzen wie »Ölsardinen« auf einem kleinen Teppich
– alle Kinder fassen ein gemeinsames Band an usw.

Birgit Middendorf

Der kleine Butzemann

Einst kam ein kleiner Butzemann,
der wackelt durch die Welt.
Er sieht sich viele Länder an,
bleibt dort, wo's ihm gefällt.
Voll Übermut. Das tut so gut,
bei Regen wie bei Sonnenglut.
Einst kam ein kleiner Butzemann,
der wackelt durch die Welt.

Er fand dann eine Butzefrau,
die mag er jetzt gar sehr.
Sie ist so schön, sie ist so schlau,
sie wackelt – so wie er.
Voll Übermut. Das tut so gut,
bei Regen wie bei Sonnenglut.
Er fand dann eine Butzefrau,
die mag er jetzt gar sehr.

Nun wackeln sie vergnügt zu zweit,
im Frühling durch die Welt,
vertreiben wackelnd sich die Zeit,
froh unterm Himmelszelt.
Voll Übermut. Das tut so gut,
bei Regen wie bei Sonnenglut.
Nun wackeln sie vergnügt zu zweit,
im Frühling durch die Welt.

Hans-Joachim Ludwig

Übrigens

Das Gedicht kann nach der bekannten Melodie des »Bi-ba-Butzemann-Liedes« gesungen werden.

Dänemark Kartoffelbrei (Auszählreim)

Polen, Frankreich, Griechenland,
wir drücken Finger in den Sand.
Spanien, Portugal, Türkei,
ich bin fünf, und du bist drei.
Rußland, Deutschland, Dänemark,
Kartoffelbrei und Früchtequark.
Pflasterknie und Sand im Schuh.
Sag mal,
von wo kommst'n du?

Peter Schäfer-Oswald

Wir feiern heut

Refrain

Wir feiern heut ein großes Fest
und laden dazu ein.
Bringt alle was zu essen mit,
wir wollen lustig sein!

1.
Aus Spanien bringt uns Gloria
ihr Lieblingsessen mit,
Paella und Tortillas
sind auch hier ein Riesenhit.
Refrain: Wir feiern …

2.
Auch Yilnaz zeigt uns,
was man gern ißt –
bei ihm in der Türkei,
ein Döner Kebap frisch vom Grill
und Bulgur ist dabei.
Refrain: Wir feiern …

3.
Das griechische Nationalgericht
Moussaka ist bekannt;
Vasilia hat es mitgebracht
aus ihrem Heimatland.
Refrain: Wir feiern …

4.
Aus Afrika kommt der nächste Gast,
mit Namen Mustafa;
er zeigt uns, wie man Cous-Cous ißt,
mit Fingern – ist doch klar.
Refrain: Wir feiern …

5.
Lasagne Verde kocht Mario
so wie die Großmama,
und auch die Pasta asciutta
schmeckt wie immer wunderbar.
Refrain: Wir feiern …

Judith Rosch

Fremde Kinder – nicht mehr fremd

Lisa spielte im Sandkasten. Sie backte Kuchen mit ihren bunten Sandkuchenformen. Als sie einmal aufsah, stand ein dunkelhaariges Mädchen mit Zöpfen vor ihr und blickte sie an. »Wer bist du denn?« fragte Lisa. »Ich hab' dich noch nie hier gesehen.« Das kleine, fremde Mädchen lächelte schüchtern und sagte etwas. Aber Lisa verstand die Worte nicht, sah, wie ihre Freundin Helga im Sandkasten umherlief und sagte zu ihr: »Tritt doch nicht auf meine Kuchen!« Aber Helga äußerte nur: »Pah! Von wegen Kuchen – das ist ja doch bloß Sand.« Während sich die beiden stritten, wollte das kleine Mädchen mit den dunklen Zöpfen gerade vom Spielplatz weggehen. Da kam ihm ein Junge entgegen, der größer war als das Mädchen. Er sprach mit dem Mädchen, und die beiden Kinder verstanden einander. Wer genau aufpaßte, hörte, daß der Junge von dem Mädchen »Jorgos« genannt wurde. So hieß er nämlich, und der Name des Mädchens war Kiriaki. Der Junge wäre Lisa und Helga nicht weiter aufgefallen, wenn er nicht in den Sandkasten gekommen wäre und einen prächtigen Handstand gemacht hätte. »Das kann ich auch«, sagte Helga. Aber als sie dann den Handstand zu machen versuchte, kam sie mit den Beinen nur ein bißchen vom Erdboden ab. Von Handstand keine Spur! Lisa meinte denn auch: »Das war ja gar nichts, Helga. Das war überhaupt kein Handstand!«

Dies ärgerte Helga. »Dann mach es doch besser, du Gans!« sagte sie spitz. Lisa schüttelte nur den Kopf. Sie war von den erneuten Handstandkünsten des fremden Jungen beeindruckt. Ja, Jorgos konnte wunderbar auf den Händen stehen – und zwar eine ganze Weile. Auf einmal geschah das ganz Tolle: Jorgos begann, auf seinen Händen zu laufen, drei, vier, fünf Schritte – und noch viel mehr. So etwas hatten Lisa und Helga nur einmal im Zirkus gesehen. Am Rande des Spielplatzes stand das fremde, kleine Mädchen und freute sich, denn es war ihr Bruder, der da so großartig auf den Händen umhertappte. Die beiden fremden Kinder kamen dann immer wieder mal auf den Spielplatz. Und nach und nach konnten Lisa und Helga den Jungen und das Mädchen verstehen, denn nun begannen die beiden allmählich, die Sprache von Lisa und Helga zu sprechen. Allerdings klang das oft ein bißchen komisch, fand Lisa. Zum Beispiel sagte Jorgos statt »müde« immer »miede«; und wenn Helga auf dem Spielplatz war, nannte er sie »Chelga«. Für Lisa und Helga war es schrecklich schwer, den Namen seiner Schwester zu behalten: Kiriaki. Der freche Christian aus der Nachbarschaft machte aus Kiriaki einfach »Kikerikiki«, so wie der Hahn auf dem Hühnerhof kräht. Christian wollte sich darüber halbtot lachen … »Kikerikiki, kikerikiki!« rief er immer wieder. Jorgos geriet darüber in Wut. Er fand es gemein, daß dieser Christian sich immer über den Namen der Schwester lustig machte. Und eines schönen Tages, als Christian wieder »Kikerikiki« rief, verhaute Jorgos ihn nach Strich und Faden. Das war zuviel für Christians Eltern. »Immer diese Ausländer!« schimpften sie. Und dann beschwerten sie sich bei der Mutter von Jorgos und Kiriaki. Die Mutter war entsetzt über ihren Sohn Jorgos.

Der aber verteidigte sich wortreich. Er wollte ja nur für seine Schwester eintreten und sie beschützen. Das half ihm aber nichts. Die Mutter zog ihn an den Ohren. Sie entschuldigte sich bei Christians Eltern für das Benehmen ihres Jungen. Immerhin hörte Christian auf, »Kikerikiki« zu rufen, wenn er Kiriaki sah. Und bald spielten Christian und Jorgos sogar miteinander. Besonders schön fanden es die beiden, wenn es geregnet hatte. Dann stapften sie mit Wonne in den Pfützen umher. Lisa und Helga machten es ihnen nach. Nur Kiriaki stand abseits. Bald lernten die Mütter von Lisa und Helga die Mutter von Kiriaki und Jorgos kennen. Zuerst war die Unterhaltung recht schwierig zwischen den Erwachsenen; denn Frau Emboros konnte – wie ihre Kinder – zuerst nicht gut Deutsch reden. Die Familie Emboros war nämlich aus einem Land nach Deutschland gekommen, das recht weit entfernt von uns liegt: aus Griechenland. Dort spricht man ganz anders als bei uns – eben Griechisch. Lisa durfte dann immer mal wieder Kiriaki zum Spielen mit nach Hause bringen. Und zu Ostern lud die Familie Emboros an einem Nachmittag Lisa, Helga und Christian in die Wohnung ein. Da gab es dann bunt bemalte Hühnereier und manche Spiele aus Griechenland, die den drei kleinen Gästen natürlich unbekannt waren. Bekannt aber war eine Melodie allen fünf Kindern, das Lied, das sie zum Schluß sangen, das Lied vom Kuckuck. Lisa, Helga und Christian sangen: »Kuckuck, Kuckuck, ruft's aus dem Wald …« Und Jorgos und Kiriaki sangen gleichzeitig dasselbe Lied, nur in den Worten ihrer Muttersprache: »Kuku, kuku, puime pedhja …« Beim Abschied glänzte Lisa wie kein anderer. Ihre Mutter hatte ihr nämlich ein griechisches Wort beigebracht. Lisa sagte: »Auf Wiedersehen!« Und dann fügte sie hinzu: »Efcharistó! Efcharistó!« Das heißt »Danke-schön«. Darüber freute sich die ganze Familie Emboros, am meisten aber Kiriaki und Jorgos. Nun waren die fremden Kinder überhaupt nicht mehr fremd.

Hans-Joachim Ludwig

Bunter Reistopf

In manchen Teilen der Welt ist Reis das wichtigste Nahrungsmittel und kommt jeden Tag auf den Tisch. Daher paßt der bunte Reistopf gut zum Thema, wenn man mit Kindern über andere Länder und andere Sitten spricht.

Man benötigt für etwa 8 Portionen

- 200 g Naturreis
- $1/4$ l Wasser
- 1 Zwiebel
- 2 Eßlöffel Öl
- 500 g Zucchini
- 500 g Tomaten
- 2 gestrichene Teelöffel Kräutersalz
- 1 Teelöffel getrocknetes Basilikum
- $1/2$ Teelöffel Curry
- 100 g Doppelrahm-Frischkäse
- 50 g geriebenen Edamer
- 1 Eßlöffel Butter
- kleingehackte Kräuter wie Dill, Schnittlauch und Petersilie

Und so wird's gemacht

Bei Naturreis empfiehlt es sich, diesen über Nacht im Wasser quellen zu lassen. Wenn man nicht an diese Vorbereitung gedacht hat, reicht es auch, den Reis 1 Stunde vor dem eigentlichen Kochen mit dem Wasser einmal aufzukochen und dann zugedeckt stehen zu lassen.
Die Zwiebel schälen, würfeln und in dem zuvor erhitzten Öl goldgelb dünsten. Die Zucchini waschen, in kleine Stücke schneiden und zu den Zwiebelwürfeln geben. Die Tomatenstücke, den Reis mit dem Einweichwasser, das Kräutersalz und das Basilikum in dem Kochtopf zu der Zwiebel-Zucchini-Mischung geben und alles gut umrühren.
Den Topf zudecken und das Ganze bei schwacher Hitze etwa 15 Minuten kochen lassen. Danach den Deckel abnehmen und den Reistopf weitere 10 Minuten garen, bis die meiste Flüssigkeit verdampft ist; dabei gelegentlich umrühren.
Den Topf vom Herd nehmen und den Curry, den Frischkäse in Flocken, den geriebenen Edamer, die Butter und die frischen Kräuter dazugeben. Alles so lange gut verrühren, bis sich der Frischkäse aufgelöst hat.
Und nun heißt es: Guten Appetit!

Mirjam Bach

Türkische Rezepte

Dolmus

Diese türkische Nationalspeise spricht man »Dolmusch« aus. Die Menge der Zutaten hängt von der Anzahl der Esser ab.

Man benötigt dazu

- Paprikaschoten
- Tomaten
- Auberginen
- Hackfleisch
- Gewürze, je nach Geschmack
- Fett für die Form

Und so wird's gemacht

Das Gemüse waschen, entkernen beziehungsweise aushöhlen und mit Hackfleisch (kein Schweinefleisch), das zuvor gewürzt wurde, füllen. Das gefüllte Gemüse in eine gefettete Auflaufform setzen und zugedeckt im Backofen bei mittlerer Hitze etwa 20 Minuten lang dünsten, bis das Fleisch gar ist.

Andrea Heck

Ekmek mit Zaziki

Ekmek heißt das leckere türkische Weißbrot. Hervorragend schmeckt dazu der pikante Quark mit Gurke und Knoblauch, Zaziki genannt.

Man benötigt für 12 Portionen

- 500 g Mehl
- 125 g Butter
- 1 Teelöffel Backpulver
- 1 Ei
- 1/2 Würfel Hefe

Und so wird's gemacht

Alle Zutaten mischen und gründlich miteinander verrühren, bis alles krümelig ist. Unter kräftigem Kneten gibt man langsam einen Viertelliter lauwarmes Wasser hinzu. Solange kneten, bis der Teig nicht mehr klebt. Danach den Teig mit einem Küchentuch abdecken und etwa 2 Stunden an einem warmen Platz gehen lassen. Dann 12 Brötchen daraus formen und mit Eigelb bestreichen. Je nach Geschmack kann man noch einige Sesamkörner darüberstreuen. Im vorgeheizten Backofen bei 250° C (Gasherd Stufe 6) etwa 45 Minuten backen.

Man benötigt für 12 Portionen Zaziki

- 500 g Quark
- 2 große Joghurt (150 – 200 g)
- 1 Salatgurke
- Knoblauch
- Zitronensaft
- Salz

Und so wird's gemacht

Quark und Joghurt verrühren. Die kleingeraspelte Gurke und den zerdrückten Knoblauch nach Belieben dazugeben, mit Zitronensaft und Salz abschmecken.

Bernhard Lehnert

Türkische Spiele

Köse Kapmaca, ein Eckenspiel aus der Türkei

Dies ist ein Straßenspiel, an dem fünf Kinder teilnehmen können. Man malt mit Kreide ein großes Viereck mit bunten Ecken auf den Asphalt. In jeder Ecke steht ein Kind, ein »grünes«, ein »rotes«, ein »gelbes« und ein »blaues« Kind. In der Mitte steht das »schwarze« Kind, das darauf wartet, einen Platz in einer Ecke zu bekommen.
Zwei sich gegenüberstehende Kinder geben sich ein Zeichen (zum Beispiel mit Augenzwinkern) und rennen dann schnell los, um die Plätze zu tauschen. Auf diese Gelegenheit hat das Kind in der Mitte gewartet und versucht nun, einen Eckplatz zu erwischen. Das Kind, das keinen Eckplatz mehr findet, geht dann in die Mitte.

Andrea Heck

Mendil Kapmaca, ein Taschentuchspiel aus der Türkei

Hierbei handelt es sich um ein Gruppenspiel, bei dem viele Kinder mitspielen können.

Und so wird gespielt

Die Kinder werden in zwei Kleingruppen – die »roten Kinder« und die »blauen Kinder« (mit Fingerfarbentupfer, Kreppapierbändern oder ähnlichem kennzeichnen) – eingeteilt. Mit Kreide zieht man nun zwei gegenüberliegende Linien (die Entfernung kann frei gewählt werden) und setzt eine Markierung mittig zwischen diese beiden Linien. Die »roten Kinder« stellen sich hinter die eine Linie, die »blauen Kinder« hinter die andere. Ein Kind – und zwar ein »grünes Kind« – stellt sich mit einem Taschentuch auf die Markierung in der Mitte und ruft jeweils ein »rotes Kind« und ein »blaues Kind« mit Namen auf, die auf ein Kommando (kann von der Spielleiterin/dem Spielleiter ausgehen) losrennen. Beide Kinder müssen jetzt versuchen, als erster beim »grünen Kind« anzukommen und das Tuch zu erwischen. Der Tuchgewinner darf auf seine eigene Linie zurück und dabei das andere Kind als »Beute« mitnehmen.
Das Spiel endet, wenn eine Gruppe alle Kinder der anderen Gruppe als »Beute« gewinnen konnte. Als Alternative könnte man die Spieldauer zeitlich begrenzen. In diesem Falle gewinnt dann, nach Ablauf der Zeit, die Gruppe mit den meisten »erbeuteten« Kindern.

Andrea Heck

Bunte Tierwelt

Durch Wüstensand stapft es fidel
und schleppt die Lasten. Das

Wer bleibt im Tierkampf oft der Sieger?
Mit Zähnen, Krallen, Kraft? Der

Sehr viele Menschen sind recht bange
beim Anblick einer langen

Oft sieht man es beim Kasperspiel –
mit großem Maul: das

Man hört von ihm kaum einen Mucks.
Er schleicht umher. Das ist der

Mit langem Rüssel wohlbekannt
ist jedermann der

Hans-Joachim Ludwig

Rumbarassel (Maracas)

Eine Rassel ist ein selbstklingendes Instrument, das heißt, man bewegt das Instrument, und es ertönen Klänge, die das Instrument selbst erzeugt. Die Rumbarassel oder Rumbakugel kommt aus Lateinamerika, von der dortigen indianischen Bevölkerung. Sie besteht aus einem Hohlkörper (zum Beispiel einer Kokosnuß), der mit Schrot-, Samen- oder Sandkörnern gefüllt ist. Im Original hat jede Rassel noch einen Griff – das ist aber nicht unbedingt notwendig.
Man schlägt die Rumbarassel entweder:
a) in jeder Hand eine Rassel ruckartig oder
b) in einer Hand haltend an die andere Handfläche.
Die Rumbarassel eignet sich besonders gut als Schlaginstrument zu Tänzen.

Man benötigt für eine Rumbarassel

- 1 Behälter (z. B. eine kleine Teedose, die man sehr gut in einer Hand halten kann und die die Töne gut wiedergibt)
- Füllmaterial (z. B. Sandkörner. Falls diese zu fein sind, einfach Kies oder Muschelstücke, die den Heimtransport vom Urlaubsort nicht überstanden haben, dazugeben. Aber auch Vogelsand, Schrot- oder Samenkörner eignen sich.)
- Alleskleber
- Dekorationsmaterial (z.B. Muscheln)

Und so wird's gemacht

Man füllt die Teedose ungefähr zur Hälfte mit dem Material, das man sich ausgesucht hat und setzt den Deckel auf. Damit sich dieser beim Schütteln nicht löst, klebt man ihn mit einem Alleskleber an. Nun ist das Rasselinstrument eigentlich schon fertig. Damit es aber nicht so langweilig aussieht, kann man die Dose noch mit lustigen Sachen, zum Beispiel mit Muscheln, bekleben. Man muß dabei aber darauf achten, daß die Dose nicht zu dick wird, da man sie sonst nicht mehr in der Hand halten kann. Außerdem klingt sie nicht mehr so laut, wenn sie ganz bedeckt ist.
Am besten probiert man es einfach aus und entdeckt, wie verschieden die Rassel klingt, wenn man in die gleiche Dosenart weniger einfüllt oder etwas anderes als Füllung benutzt.

Judith Rosch

Die kleine Bimmelbahn

Zum Gedicht von der kleinen Bimmelbahn, die durch die große, weite Welt fährt, kann man mit einer Kindergruppe ein Kreisspiel machen.

Ich bin eine kleine Bimmelbahn,
bim, bim, bim.
Ich bimmle durch die ganze Welt,
bim, bim, bim.

Ich bimmle durch die ganze Welt,
bim, bim, bim.
Und halte dort, wo's mir gefällt.
Bim, bim, bim.

Doch manchmal mach' ich einfach »tut«!
Tut, tut, tut.
Denn tuten tut mir richtig gut.
Tut, tut, tut.

Steigt ein, reist durch die Welt mit mir!
Bim, bim, bim.
Zum Kaffee sind wir wieder hier.
Bim, bim, bim.

Am Schluß macht jedes Kind mal »tut«!
Tut, tut, tut.
So fahren wir mit frohem Mut.
Tut, tut, tut.

Und so wird gespielt

Alle Kinder sitzen im Kreis auf dem Boden; ein Kind, das vorher bestimmt wird, steht beim Vortrag des Gedichtes auf und bewegt sich durch den Raum.
Bei der Textstelle »Steigt ein, reist ...!« stehen alle Kinder, die Lust dazu haben, auf und hängen sich an die Lokomotive (erstes Kind) an. Dazu legen sie ihre Hände jeweils auf das vorangehende Kind und folgen diesem auf der Reise durch den Saal.

Hans-Joachim Ludwig

Honigplätzchen

Diese Leckerei stammt aus dem ehemaligen Jugoslawien, und es gibt bestimmt nur wenig Kinder, die es nicht mit Begeisterung knabbern – egal welcher Nationalität sie sind.

Man benötigt für etwa Plätzchen

– 250 g Mehl
– 3 Eßlöffel Olivenöl
– 1 Päckchen Vanillinzucker
– 1 Prise Salz
– etwas geriebene Muskatnuß
– 1/2 Teelöffel Zimt
– abgeriebene Schale einer ungespritzten Zitrone
– Safran, in etwas Wein aufgelöst
– 1 Tasse Rosinen
– 1 Tasse Honig
– Fett für das Blech

Und so wird's gemacht

Das Mehl wird zuerst mit dem Öl verrührt. Nach und nach gibt man dann den Vanillinzucker, das Salz, den Zimt, die abgeriebene Zitronenschale und den Safran hinzu und verrührt alles gründlich miteinander. Zum Schluß kommen die Rosinen und der Honig zum Teig.
Alles wird gut miteinander verknetet und ergibt einen ziemlich harten Teig, der vor der Weiterverarbeitung etwa 1 Stunde ruhen sollte.
Dann rollt man den Teig aus, sticht Plätzchen mit beliebigen Förmchen aus und legt sie auf ein gefettetes Backblech.
Im vorgeheizten Backofen werden die Plätzchen bei 200°C (Gasherd: Stufe 3) goldgelb gebacken.

Übrigens

Besonders lecker schmecken die Plätzchen, wenn man sie vor dem Verzehr in Saft eintaucht.

Andrea Heck

Barbadosflip

Zutaten für 25 Portionen

– 3 Stück Ananas
– 12 Eßlöffel Honig
– 3 Vanillestangen
– 3 l Milch
– 3/4 l Sahne
– 12 Eßlöffel Nußkrokant

Und so wird's gemacht

Die Ananas in kleine Stücke schneiden und im Mixgerät zerkleinern. Den Honig, das Mark der Vanillestangen und die Milch hinzugeben und kurz verrühren. Das Mixgetränk in Gläser füllen; die Sahne steif schlagen und auf die einzelnen Gläser verteilen. Nun nur noch mit Krokant bestreuen und schon ist er fertig, der köstliche Barbadosflip!

Heike Benekamp

Abzählreime

Friede, Freude, Eierkuchen
sollt ihr suchen und nicht
fluchen.

Der Störenfried, das ist
bekannt,
ist unbeliebt im ganzen Land.

Wie du mir – so ich dir,
sagt Helene Trampeltier.
Ohne Krach, Weh und Ach
ist es besser hundertfach.

Schimpfen, zanken, hauen,
schlagen,
weinen, heulen, schreien,
klagen –
wollt ihr euch wohl gleich
vertragen!

Hans-Joachim Ludwig

Mutter Mallwitz, Mostrich und der Halbmond

In der Gegend war sie bekannt, die alte Frau, die alle nur »Mutter Mallwitz« nannten. Ihr Mann war vor Jahren gestorben, und sie war viel allein. Ihr Sohn Rudi, der woanders wohnte, hatte selten Zeit für sie. Zum Glück hatte sie einen ständigen Begleiter. Das war der Dackel Mostrich. Seinen Namen hatte das muntere Hundchen deswegen erhalten, weil sein Fell eine Farbe wie Senf hatte.

Eines Tages erwischte es Mostrich auf der Straße. Der Dackel wurde von einem Auto angefahren. Er schrie auf, fiel um, raffte sich bald wieder empor, hinkte erbärmlich und blieb dann wimmernd stehen. Ein Junge, der gesehen hatte, wie das Unglück geschehen war, nahm Mostrich

vorsichtig auf den Arm. Und weil der Bub wußte, daß der Dackel der Mutter Mallwitz gehörte, ging er zum Haus der alten Frau und klingelte. Mutter Mallwitz war entsetzt, als der Junge den leise wimmernden Dackel brachte. »Auto«, sagte der Bub, »Auto!« Viel mehr konnte er wohl nicht sagen. Aber Mutter Mallwitz hatte ihn verstanden, und sie wußte auch, daß der Junge aus einer türkischen Familie kam. Sie kannte ihn vom Sehen. Die alte Frau verband ihren Hund und streichelte ihn. Sie war froh, daß ihm nichts Schlimmeres passiert war. Und Ali, so hieß der Junge, bekam zum Dank von ihr ein großes Stück Kuchen. Den hatte sie selber gebacken. Und als sich Ali von ihr verabschiedete, erhielt er eine Tafel Schokolade.

Am Tag danach klingelte es wieder an der Tür von Mutter Mallwitz. Es war Alis Vater. Er brachte einen schönen Strauß Blumen und fragte, wie es Mostrich ginge. Zum Glück war der Dackel schon wieder recht munter.

Von dieser Zeit an lernte Mutter Mallwitz nach und nach die ganze Familie von Ali kennen. Sie tranken miteinander Kaffee und gingen manchmal zusammen spazieren. Zu Weihnachten lud Mutter Mallwitz die Familie von Ali ein. Sie hatte nämlich einen ganz vorzüglichen Gänsebraten, feines Gemüse und allerlei Süßspeisen zubereitet. Ali, sein Vater, seine Mutter und seine drei Schwestern ließen es sich gut schmecken. Und auch Mostrich hatte sein Vergnügen, weil die Kinder mit ihm spielten.

Ein andermal lud Alis Vater Mutter Mallwitz zum Essen ein. Da gab es eine ganze Menge Speisen,

die Mutter Mallwitz noch nie gegessen hatte – zum Beispiel Krabben und dann ein Gericht aus Auberginen. Die alte Frau wagte sich an die fremden Speisen erst gar nicht heran. Aber dann probierte sie – und staunte, wie gut das türkische Essen schmeckte.
Nun auf einmal hatte Mutter Mallwitz wieder eine Familie. Wenn die türkische Mutter in der Stadt etwas besorgen mußte, paßte die alte Frau auf Alis kleine Schwestern auf. Wenn Alis Vater etwas einkaufen wollte und nicht wußte, wie er das in deutscher Sprache sagen sollte, dann begleitete sie ihn und half ihm in den Geschäften.
Abends erzählte Mutter Mallwitz den türkischen Kindern deutsche Märchen. So lernten sie allmählich die Sprache des Landes kennen, in dem ihr Vater jetzt arbeitete und sie nun lebten. Hier und da lernte Mutter Mallwitz auch ein bißchen Türkisch.
Die größte Freude bereitete sie Ali, als sie eine türkische Fahne an die Küchenwand heftete: ein rotes Stück Stoff mit weißem Halbmond und weißem Stern. Nach langer Zeit kam dann ihr Sohn Rudi zu ihr, um sie endlich einmal wieder zu besuchen.
»Nanu«, sagte er zu seiner Mutter, als er die türkische Fahne sah, »bist du jetzt eine Türkin geworden?«
Mutter Mallwitz mußte lachen. »Nein«, sagte sie, »eine Türkin bin ich nicht geworden. Aber ich habe Menschen kennengelernt, die aus der Türkei kommen, die freundlich sind und immer mal Zeit für mich haben.«
Da sagte der Sohn nichts mehr über die Türken. Aber in der nächsten Zeit kam er viel öfter als früher, um seine Mutter zu besuchen und sich mit ihr zu unterhalten.

Hans-Joachim Ludwig

Achmed

G C D
Mein neu - er Freund heißt Ach - med und kommt aus der Tür -
G D C G D
kei; wir bei - de un - ter - neh - men ge - mein - sam al - ler-
G D C G D7 G
lei, wir bei - de un - ter - neh - men ge - mein - sam al - ler - lei.

1.
Mein neuer Freund heißt Achmed
und kommt aus der Türkei;
wir beide unternehmen gemeinsam
allerlei,
wir beide unternehmen gemeinsam
allerlei.

2.
Ich mach' ihn mit all meinen
Freunden schnell, bekannt,
damit er sich bald wohl fühlt
in diesem fremden Land,
damit er sich bald wohl fühlt,
in diesem fremden Land.

3.
Im Kindergarten zeigt er uns
manches neue Spiel,
das ihm und seinen Freunden
zu Hause gut gefiel,
das ihm und seinen Freunden
zu Hause gut gefiel.

4.
Zum Essen lädt uns Achmed
zu sich nach Hause ein,
auch unsre Eltern werden
bald gute Freunde sein,
auch unsre Eltern werden
bald gute Freunde sein.
Judith Rosch

Dithwai

Dithwai ist ein Spiel, das von Kindern in Lesotho (Südafrika) gespielt wird. Normalerweise wird dieses Spiel mit Steinen gespielt; sollten diese aber Mangelware sein, so können auch verschieden gefärbte/gemusterte Murmeln genommen werden. Bis zu 8 Kinder können mitspielen.

Man benötigt dazu

- Sand
- Steine aller Sorten und Arten bzw. verschiedene Murmeln

Und so wird gespielt

Jedes Kind baut sich im Sand einen »Kral« von etwa 20 Zentimeter Seitenlänge und einer Höhe von 3 Zentimetern. (An dieser Stelle sollte man den Kindern kurz erklären, daß ein Kral ein afrikanisches Runddorf ist, und eventuell noch erwähnen, warum die Menschen in Afrika ihre Dörfer in Form eines Krals anlegen.)
Haben alle Kinder ihren Kral fertiggestellt, legt jedes Kind 10 Steine/Murmeln, die Rinder darstellen sollen, in seinen Kral. Dann schaut sich der jüngste Mitspieler seine Steine genau an und sagt zu den anderen: »Ich prüfe mein Vieh.« Die anderen antworten: »Hast du es dir angesehen?« Dann hält er sich die Augen zu, und die anderen nehmen sich jeder einen Stein/eine Murmel aus seinem Kral, um ihn/sie in den eigenen zu legen. Das erste Kind macht die Augen wieder auf und versucht, die weggenommenen Steine wiederzuerkennen. Schafft es dies, bekommt es sie zurück. Kann es sie nicht erkennen, hat es sie verloren. Danach geht es reihum weiter (Uhrzeigersinn), und der nächste Spieler darf raten. Wer nach dem letzten Durchgang die meisten Steine hat, ist Sieger und wird zum »Kralkönig des Tages« ernannt.

Gabi Deckert

In meinem Land

In meinem Land stehn Feuerberge!
Bei mir, da rauscht ein Wasserfall!
In unsrem Märchen leben Zwerge!
Ich brauch' im Winter einen Schal!

In meinem Land glänzt blau das Meer!
Bei mir gibt's keinen Karneval.
In unsren Bergen brummt ein Bär.
Mein Opa hat 'nen Ziegenstall.

Wir Kinder von nah. – Wir Kinder von fern.
Wir spielen zusammen. – Wir haben uns gern.
Und wer nichts versteht,
dem bringen wir's bei,
dem zeigen wir alles und zählen bis drei.

Peter Schäfer-Oswald

Register

Zur besseren Übersicht ist das Register in einzelne Sachgruppen eingeteilt.

Bastelarbeiten, Malanregungen, Experimente

Gedichte, Rätsel, Abzählreime

Geschichten, Meditationen, Kasperstücke

Lieder

Rezepte

Spiele